Bernard Shaw
Gesammelte Stücke in
Einzelausgaben

Herausgegeben von
Ursula Michels-Wenz

Band 7

Bernard Shaw
Des Doktors Dilemma

Eine Tragödie

Deutsch von
Hans Günter Michelsen

*Mit der Vorrede
des Autors
und einer Anmerkung
zur Rezeption
des Stückes*

Suhrkamp

Originaltitel: *The Doctor's Dilemma*.
Erstmals erschienen in dem gleichnamigen Sammelband, London 1911;
gemeinsam mit *Getting Married* und *The Shewing-up of Blanco Posnet*.
Die Vorrede »Preface on Doctors« wurde von Siegfried Trebitsch ins
Deutsche übertragen und für diesen Band revidiert und gekürzt von
Ursula Michels-Wenz.
[Die Kürzungen sind durch Gedankenstriche gekennzeichnet.]
Die erste deutsche Übersetzung des Stückes unter dem Titel *Der Arzt am
Scheideweg* erschien als Vorabdruck in der Zeitschrift *Nord und Süd*,
Berlin, von Oktober–Dezember 1908, noch vor der ersten englischen
Buchpublikation.
Die Anmerkung des Autors erschien unter dem Titel »The Doctor's
Dilemma« im Programmheft zu einer Aufführung am Wallack's Theatre,
New York, im März 1915.
Erste deutsche Übersetzung für diesen Band durch Ursula Michels-Wenz.
Umschlagbild: Bernard Shaw. Foto Ullstein

suhrkamp taschenbuch 1856
Erste Auflage 1991
© The Estate of Bernard Shaw 1957
© der deutschen Ausgabe
Suhrkamp Verlag Frankfurt am Main 1969
© der Vorrede
Suhrkamp Verlag Frankfurt am Main 1952
© für die Übersetzung der Anmerkung
Suhrkamp Verlag Frankfurt am Main 1991
Alle Rechte vorbehalten, insbesondere das
des öffentlichen Vortrags, der Übertragung
durch Rundfunk und Fernsehen
sowie der Übersetzung, auch einzelner Teile.
Satz: Uhl + Massopust, Aalen
Druck: Nomos Verlagsgesellschaft, Baden-Baden
Printed in Germany
Umschlag nach Entwürfen von
Willy Fleckhaus und Rolf Staudt

1 2 3 4 5 6 – 96 95 94 93 92 91

Inhalt

Vorrede über Ärzte   9
Des Doktors Dilemma   71
Anmerkung des Autors   187

Editorische Notiz   197
Zeittafel   203

Vorrede über Ärzte

Inhalt:

Der zweifelhafte Ruf, den die Ärzte genießen 12 Das Gewissen der Ärzte 14 Die Gesundbeter 16 Das Dogma medizinischer Unfehlbarkeit fällt auf den Arzt zurück 18 Warum die Ärzte zusammenhalten 20 Die Operationsmanie 22 Gläubigkeit und Chloroform 23 Die Psychologie der Selbstachtung bei Chirurgen 24 Sind Ärzte Männer der Wissenschaft? 27 Bakteriologie als Aberglaube 29 Ökonomische Schwierigkeiten der Immunisierung 32 Das Gefährliche an der Impfung 34 Die Ärzte und die Vivisektion 36 Der Beweggrund bei den Primitiven und Wilden 38 Der höhere Beweggrund. Der Baum der Erkenntnis 39 Die Lücke in der Begründung 40 Die Grausamkeit um ihrer selbst willen 42 Unsere eigenen Grausamkeiten 42 Die wissenschaftliche Erforschung der Grausamkeit 43 Das Labor soll die Gemütsbewegungen des Vivisektors auf die Probe stellen 44 Routine 46 Die alte Grenze zwischen Mensch und Tier 49 Die Vivisektion am Menschen 50 Die Lüge ist eine europäische Macht 51 Eine Schlußfolgerung, die jedes Verbrechen verteidigen würde 53 Du bist gemeint 55 Was das Volk haben möchte und nicht bekommen wird 55 Die Impfmanie 56 Statistische Irrtümer 56 Die Zivilisation wird um ihre Errungenschaften gebracht 58 Für den Patienten zurechtgemachte Therapeutik 60 Auch die Reformen rühren von der Laienwelt her 61 Moden und Epidemien 62 Die Tugenden der Ärzte 63 Die neuesten Theorien 64

Es ist nicht die Schuld unserer Ärzte, daß die medizinische Behandlung der bürgerlichen Gesellschaft, wie sie gegenwärtig geübt wird, ein mörderischer Unsinn ist. Wenn eine gesunde Nation, die beobachtet hat, daß man für den Bedarf an Brot vorsorgen kann, indem man Bäckern ein pekuniäres Interesse am Backen einräumt, einem Chirurgen ein pekuniäres Interesse daran einräumt, einem das Bein zu amputieren, so genügt diese Tatsache vollauf, um einen an der erwarteten Menschenfreundlichkeit verzweifeln zu lassen. Aber genau das haben wir getan. Und je entsetzlicher die Verstümmelung ist, desto mehr bezahlen wir dem Verstümmler. Wer die ins Fleisch wachsenden Fußnägel in Ordnung bringt, bekommt ein paar Shilling. Wer einem die Eingeweide herausschneidet, bekommt Hunderte von Pfunden, es sei denn, er praktiziere zur Übung an einem armen Menschen.

Empörte Stimmen murmeln, daß diese Operationen nötig seien. Möglich. Es mag auch nötig sein, einen Mann zu hängen oder ein Haus niederzureißen, doch wir hüten uns wohl, den Henker und den Demolierer über die Notwendigkeit *entscheiden* zu lassen. Täten wir das, so wäre keines Menschen Genick, keines Menschen Stellung in Sicherheit. Den Arzt aber lassen wir darüber entscheiden, und er wird sechs Pence, ja sogar mehrere hundert Pfund verlieren, wenn er entscheidet, daß die Operation *nicht* nötig sei. Ich kann mir das Schienbein nicht ernstlich verletzen, ohne einem Chirurgen die schwere, an sich selbst gerichtete Frage aufzudrängen: Wäre mir nicht ein Packen Geld nützlicher als diesem Menschen sein Bein? Könnte er nicht ebensogut mit *einem* Bein schreiben oder sogar besser als mit zweien? Und das Geld käme mir gerade jezt so außerordentlich gelegen. Meine Frau – meine lieben Kleinen – das Bein kann ja auch brandig werden – es ist immer sicherer zu operieren – in vierzehn Tagen wird er gesund sein – künstliche Beine werden jetzt so gut gemacht, daß sie wirklich besser taugen als die natürli-

chen – alles entwickelt sich hin zur Motorisierung, zur Bein-
losigkeit usw. usw.

Es gibt aber keine Berechnung, die ein Ingenieur mit Bezug
auf das Verhalten eines Balkens unter einem Druck oder ein
Astronom mit Bezug auf die Wiederkehr eines Kometen anstellen könnte und die sicherer stimmen würde als die Berechnung, daß wir unter solchen Umständen unnötigerweise nach
allen Richtungen von Chirurgen, die Operationen für nötig
halten, nur weil sie sie auszuführen wünschen, unserer Gliedmaßen beraubt werden. Der figürliche Vorgang, den man
»den reichen Mann zur Ader lassen« nennt, wird täglich
nicht nur figürlich, sondern wörtlich von Chirurgen geübt,
die genauso anständige Menschen sind wie die meisten von
uns. Was ist denn schließlich Unrechtes dabei? Der Chirurg
braucht ja dem reichen Manne (oder der reichen Frau) nicht
gerade das Bein oder den Arm abzunehmen, er kann den
Blinddarm oder die Gaumenmandeln entfernen, und der Patient wird sich nach vierzehntägiger Bettruhe gar nicht
schlechter fühlen, während die Krankenpflegerin, der Haus-
arzt, der Apotheker und der Chirurg sich sehr viel besser
befinden werden.

Der zweifelhafte Ruf, den die Ärzte genießen

Und wiederum höre ich entrüstete Stimmen alte Phrasen
murmeln über den glänzenden Ruf einer edlen Berufsgenos-
senschaft und die Ehre und das Gewissen ihrer Mitglieder.
Ich muß darauf antworten, daß die ärztliche Genossenschaft
keinen glänzenden, sondern einen schlechten Ruf hat. Ich
kenne keinen einzigen nachdenklichen und wohlunterrichte-
ten Menschen, der nicht empfände, wie sehr die Tragik der
Krankheit heutzutage darin besteht, daß sie einen hilflos in
die Hände eines Berufsstandes liefert, dem man tief mißtraut,
weil er nicht nur auf der Suche nach Wissenschaft die empö-
rendsten Grausamkeiten befürwortet und verübt und recht-

fertigt, sondern auch, wenn solche Grausamkeiten die Öffentlichkeit empört haben, diese mit Lügen von atemraubender Unverschämtheit zu beruhigen versucht. Das ist der Ruf, den die Schulmedizin gerade jetzt genießt. Er mag verdient oder unverdient sein: so ist er beschaffen, und Ärzte, denen das nicht klar geworden ist, leben in einem Narrenparadies. Was Ehre und Gewissen der Ärzte betrifft, so haben sie davon so viel wie jede andere Menschenklasse, nicht mehr und nicht weniger. Und welche andere Menschenklasse wagt zu behaupten, sie sei unparteiisch, wo ein starkes Geldinteresse auf dem Spiel steht? Niemand behauptet, daß Ärzte weniger tugendhaft als Richter seien. Aber ein Richter, dessen Gehalt oder Ruf davon abhängt, ob das Verdikt für den Kläger oder für den Angeklagten, ob es »schuldig« oder »unschuldig« lautet, fände ebensowenig Vertrauen wie ein General, der im Sold des Feindes stünde. Mir einen Arzt als meinen Richter vorzuschlagen und seine Entscheidung dann mit einer großen Geldsumme als Bestechung zu beeinflussen und einer tatsächlichen Garantie, daß, wenn er sich geirrt hat, man es ihm nicht einmal wird beweisen können: das heißt, die Versuchungen weit überschreiten, denen die menschliche Natur bis jetzt hat widerstehen können. Es ist einfach unwissenschaftlich, zu behaupten oder zu glauben, daß Ärzte unter den jetzigen Verhältnissen nicht auch unnötige Operationen ausführen oder einträgliche Krankheiten herbeiführen und verlängern. Die einzigen Ärzte, die verlangen dürfen, daß man sie als über jeden Verdacht erhaben betrachten soll, sind jene, die so sehr beschäftigt sind, daß ihre geheilten Patienten immer sofort durch neue ersetzt werden. Und dann muß man noch einer merkwürdigen psychologischen Tatsache eingedenk sein: eine schwere Krankheit oder ein Todesfall macht für den Arzt genauso Reklame wie eine Hinrichtung für den Anwalt Reklame macht, der den Gehenkten verteidigt hat. Man nehme zum Beispiel an, daß im Halse eines Königs etwas nicht in Ordnung sei oder daß er einen innerlichen Schmerz empfinde. Wenn ein Arzt nur eine geringfügige Kur mit einem nassen Umschlag oder mit Pfefferminzpastillen durchführt, schenkt ihm niemand die geringste Beachtung. Wenn er aber den Hals operiert und den Patienten dabei umbringt oder ein inneres Organ entfernt und die ganze Nation tagelang in Bangen hält, während der Patient sich zwischen Leben und Tod im Fieber wälzt, dann ist sein Glück gemacht: jeder reiche Mann, der es unterläßt, ihn zu rufen, wenn bei einem Mitglied seiner Familie dieselben Symptome auftreten, wird als ein Mensch betrachtet, der seine höchste Pflicht dem Kranken gegenüber nicht erfüllt hat. Es ist nur zu verwundern, daß noch ein König oder eine Königin in Europa am Leben geblieben ist.

Das Gewissen der Ärzte

Es gibt noch etwas, das es schwer macht, der Ehre und dem Gewissen eines Arztes Vertrauen zu schenken. Ärzte sind genau wie andere Menschen: die meisten von ihnen haben keine Ehre und kein Gewissen. Was sie gewöhnlich irrtümlich dafür halten, ist Sentimentalität und die furchtbare Angst, etwas zu tun, was nicht jeder andere auch tut, oder etwas sein zu lassen, was jeder andere tut. Das führt natürlich zu einer Art von alltäglichem oder oberflächlichem Gewissen, aber es führt auch dazu, daß man alles, einerlei ob gut oder böse, tun wird, vorausgesetzt, daß es genug Menschen gibt, die einen dadurch unterstützen, daß sie es gleichfalls tun. Es ist die Art von Gewissen, die es möglich macht, auf einem Piratenschiff oder in einer Räuberbande die Ordnung aufrechtzuerhalten. Man kann dagegen einwenden, daß, wenn man der Sache auf den Grund geht, es eigentlich überhaupt keine andere Art von Ehre oder Gewissen gibt – daß die Zustimmung der Majorität die einzige Sanktion ist, welche die Ethiker kennen. Das gilt zweifellos, soweit es die politischen Sitten anbelangt. Wenn die Menschen die Tatsachen kennen würden und den Ärzten zustimmten, dann wären die Ärzte im Recht und jeder, der anders dächte, wäre geistesgestört. Aber die Menschen kennen die Tatsachen nicht und stimmen nicht zu. Zugunsten der Popularität der Ärzte kann man nur behaupten: solange man sozusagen gezwungen ist, blindes Vertrauen in den Arzt zu setzen, ist die Wahrheit über ihn so entsetzlich, daß wir es nicht wagen, ihr ins Antlitz zu sehen. Molière hat die Ärzte durchschaut, aber er mußte sie nichtsdestoweniger zu sich rufen. Napoleon hat sich keine Illusionen über sie gemacht, aber er mußte unter ihrer Behandlung genauso sterben wie der gläubigste Ignorant, der jemals sechs Pence für eine Flasche kräftigender Medizin gezahlt hat. In dieser Verlegenheit greifen die meisten Menschen, um sich vor unerträglichem Mißtrauen und Elend zu bewahren oder um nicht durch ihr Gewissen dazu getrieben zu werden, die Gesetze zu verletzen, auf die alte Regel zurück, daß man an das glauben muß, was man hat, wenn man nicht das haben kann, woran man glaubt. Wenn dein Kind krank ist oder deine Frau im Sterben liegt und du sie womöglich sehr gern hast, ja selbst wenn du sie nicht magst, bist du menschlich genug, jeden persönlichen Groll vor dem Anblick eines Mitgeschöpfes, das in Gefahr ist oder Schmerzen leidet, zu vergessen: was du brauchst, ist Trost, Beruhigung, etwas, woran du dich klammern kannst, und wäre es nur ein Strohhalm. Das bringt dir der Arzt. Du hast ein unbestimmtes dringendes Gefühl, daß etwas gemacht werden müsse, und der Arzt macht etwas. Manchmal tötet das, was er macht, den Patienten, aber du weißt das nicht, und der Arzt versichert dir, es sei alles geschehen, was menschliches Wissen zu tun vermochte, und niemand hat die Roheit, dem eben beraubten Vater, der Mutter, dem Gatten, der Frau, dem Bruder oder der Schwester zu sagen: du hast deinen toten Liebling durch deine Leichtgläubigkeit verloren.

Die Gesundbeter

Das Herbeirufen eines Arztes in Krankheitsfällen ist jetzt übrigens obligatorisch, außer in Fällen, wo der Patient erwachsen und nicht zu krank ist, um darüber zu entscheiden, ob der Arzt gerufen werden soll oder nicht. Wir laufen Gefahr, wegen Totschlags oder verbrecherischer Fahrlässigkeit angeklagt zu werden, wenn der Patient ohne die Tröstungen des ärztlichen Gewerbes stirbt. Diese Drohung wird dem Publikum durch Gesundbeter fortwährend ins Gedächtnis zurückgerufen. Die Gesundbeter oder *Peculiar People*, wie man sie nennt, verdanken ihren Namen dem Glauben an die Unfehlbarkeit der Bibel und nehmen ihren Glauben absolut ernst. Die Bibel spricht sich klar über die Behandlung von Krankheiten aus. Der Brief des Jakobus, Kapitel V, enthält die folgenden deutlichen Weisungen:

Vers 14: Ist jemand krank, der rufe zu sich die Ältesten von der Gemeinde, daß sie über ihm beten und ihn salben mit Öl in dem Namen des Herrn.

Vers 15: Und das Gebet des Glaubens wird dem Kranken helfen, und der Herr wird ihn aufrichten; und so er hat Sünden getan, werden sie ihm vergeben sein.

Die Gesundbeter gehorchen diesen Lehren und verzichten auf die Ärzte. Deshalb werden sie der fahrlässigen Tötung angeklagt, wenn ihre Kinder sterben.

Als ich ein junger Mensch war, wurden die Gesundbeter gewöhnlich freigesprochen. Die Anklage versagte, wenn der Arzt in der Zeugenbank befragt wurde, ob das Kind noch leben würde, wenn es ärztliche Hilfe gehabt hätte. Es war für jeden vernünftigen und anständigen Menschen selbstverständlich unmöglich, göttliche Allwissenheit zu beanspruchen und diese Frage bejahend zu beantworten oder auch nur zu behaupten, man sei fähig, sie überhaupt zu beantworten. Infolgedessen hatte der Richter die Geschworenen zu unterweisen, daß sie den Angeklagten freisprechen müßten. Auf diese Weise wurde ein Richter mit scharfem Rechtsgefühl (eine sehr seltene Erscheinung, nebenbei gesagt) der Möglichkeit enthoben, den einen Angeklagten zu verurteilen (nach dem Gesetz der Gotteslästerung), weil er die Unfehlbarkeit der Heiligen Schrift bezweifelte, und den anderen, weil er aus Unwissenheit und Aberglauben und nach den Lehren der Heiligen Schrift gehandelt hatte. Heutzutage ist das alles anders. Der Arzt zögert nie, göttliche Allwissenheit zu beanspruchen, und verlangt vom Gesetze, daß es jeden öffentlichen Zweifel an der Unfehlbarkeit der Ärzte bestrafe. Ein moderner Arzt trägt gar keine Bedenken, den Totenschein eines seiner Diphtheriepatienten zu unterzeichnen und wenig später in die Zeugenbank zu gehen und einen Gesundbeter für sechs Monate ins Gefängnis zu bringen, indem er den Geschworenen unter Eid versichert, das Kind des Angeklagten, das an Diphterie verstarb, wäre nicht gestorben, wenn es seiner Behandlung statt der von Sankt Jakob anvertraut worden wäre. Er tut das nicht nur ungestraft, sondern sogar von öffentlichem Beifall begleitet, obgleich die logische Folge sein sollte, daß man ihn entweder wegen des Mordes am eigenen Patienten oder des Meineides im Falle von Sankt Jakob anklagen sollte. Dennoch fällt es keinem Rechtsanwalt ein, die Statistik zu verlangen über die Sterblichkeit der Diphtheriekranken bei den Gesundbetern bzw. bei denen, die sich den Ärzten anvertraut haben, obwohl einzig und allein auf eine solche Statistik ein gültiges Urteil gegründet werden könnte. Der Rechtsanwalt ist ebenso abergläubisch, wie der Arzt verblendet ist. Und der Gesundbeter geht unbemitleidet in seine Zelle, obgleich nichts gegen ihn bewiesen worden ist, außer daß ein Kind ohne die Einmischung eines Arztes starb, wie Hunderte von Kindern an derselben Krankheit täglich, trotz der Behandlung des Arztes, sterben.

Das Dogma medizinischer Unfehlbarkeit fällt
auf den Arzt zurück

Andererseits muß der Arzt, wenn er auf der Anklagebank sitzt oder sich wegen eines Kunstfehlers zu verteidigen hat, gegen das unvermeidliche Resultat seiner früheren Behauptungen, wonach er grenzenlose Kenntnisse und unfehlbare Geschicklichkeit besitze, ankämpfen. Er hat die Geschworenen und die Richter und selbst seine eigenen Rechtsanwälte glauben gelehrt, daß jeder Arzt mit einem Blick auf die Zunge, einer Berührung des Pulses und dem Lesen eines Fieberthermometers die Krankheit eines Patienten mit absoluter Sicherheit diagnostizieren könne. Auch daß er durch die Sektion eines Leichnams unfehlbar die Todesursache bezeichnen und in Fällen, wo Vergiftungsverdacht vorliegt, die Beschaffenheit des verwendeten Giftes angeben könne. Nun ist aber all diese vermeintliche Genauigkeit und Unfehlbarkeit Einbildung, und einen Arzt behandeln, als ob seine Fehler notwendigerweise boshafte oder bezahlte Missetaten wären (ein unvermeidlicher Rückschluß nach der Voraussetzung, daß der Arzt nicht irren könne, da er allwissend sei), ist ebenso ungerecht, wie wenn man den nächstbesten Apotheker tadeln wollte, weil er nicht darauf vorbereitet ist, einen Menschen für sechs Pence mit einem Lebenselixier zu versehen; oder die nächste Automobilgarage, weil sie kein Perpetuum mobile in Blechkanistern verkaufen kann. – Das ist nun die Verlegenheit, in der sich der Arzt befindet, wenn er sich gegen den Vorwurf unrichtiger Behandlung mit der Entschuldigung verteidigt, daß er unwissend und fehlbar ist: Seine Entschuldigung wird mit entschiedener Ungläubigkeit aufgenommen, und er findet wenig Sympathie, selbst bei Laien, die sich auskennen, denn er hat sich die Ungläubigkeit selbst zuzuschreiben. Er kann nur freigesprochen werden, wenn er den Geschworenen erklärt, daß die ärztliche Wissenschaft sich bis jetzt sehr wenig von der gewöhnlichen kurpfuschenden Hexerei unterscheidet; daß Diagnosen, obgleich sie in vielen Fällen (die Identifizierung pathologischer Bazillen unter dem Mikroskop inbegriffen) nur eine Wahl zwischen so unsicheren Bezeichnungen bedeuten, daß man sie in irgendeiner exakten Wissenschaft gar nicht als Definition gelten ließe, selbst im besten Fall eine unsichere und schwierige Sache sind, über welche die Meinungen der Ärzte oft auseinandergehen; und daß selbst die beste ärztliche Diagnose und Behandlung von Arzt zu Arzt sehr stark wechselt, so daß der eine praktische Arzt sechs oder sieben gebräuchliche Gifte für eine so bekannte Krankheit wie Bauchtyphus verordnet, während ein anderer überhaupt keine Arzneien zuließe. Der eine läßt den Patienten verhungern, während ihn der andere überfüttert; der eine besteht auf einer Operation, die der andere als unnötig und gefährlich betrachtet; der eine gibt Alkohol und Fleisch, was der andere streng verbietet usw. Es handelt sich hier nun nicht etwa um Widersprüche zwischen den Ansichten guter und schlechter Ärzte (die Medizin behauptet natürlich, daß es keinen schlechten Arzt gebe), sondern nur solche zwischen praktischen Ärzten von gleichem Rang und gleicher Autorität. Gewöhnlich ist es unmöglich, die Geschworenen zu überzeugen, daß diese Tatsachen wirklich Tatsachen sind. Die Geschworenen nehmen selten Tatsachen zur Kenntnis und sind gelehrt worden, jeden Zweifel an der Allwissenheit und Allmacht der Ärzte wie Gotteslästerung zu betrachten. Sogar die Tatsache, daß Ärzte selbst an denselben Krankheiten sterben, die sie zu heilen vorgeben, wird nicht beachtet. Wir schürzen die Unterlippe nicht, schütteln nicht den Kopf und rufen nicht aus: »Sie retten andere, sich selbst können sie nicht retten.« Ihr Ruf ist, wie der Palast eines afrikanischen Königs, auf Leichname gegründet. Und das Resultat ist, daß der Angeklagte, wenn er ein wegen eines Kunstfehlers angeklagter Arzt ist, schuldig gesprochen wird.

Zum Glück für die Ärzte kommen sie sehr selten in diese Lage, weil es so schwer ist, Beweise gegen sie vorzubringen. Die einzigen Zeugen, die beweisen können, daß ein Kunstfehler vorliegt, sind die Sachverständigen, das heißt andere

Ärzte, und jeder Arzt wird einem Kollegen eher gestatten, einen Landstrich zu entvölkern, als das Band kollegialer Etikette zu verletzen und ihn preiszugeben. Die Krankenpflegerin ist es, die den Arzt heimlich preisgibt, weil jede Krankenpflegerin irgendeinen bestimmten Arzt hat, den sie mag, und gewöhnlich versichert sie ihren Patienten, daß alle anderen entsetzliche Dummköpfe seien, und vertreibt dem Kranken durch Geschwätz über die Schnitzer dieser anderen Ärzte die Langeweile. Sie wird sogar mal einen Arzt preisgeben, um dem Patienten einzureden, daß sie mehr als der Arzt verstünde. Aber ihrem Lebensunterhalt zuliebe wagt sie es doch nicht, den Arzt öffentlich bloßzustellen. Und die Ärzte selbst halten um jeden Preis zusammen. Hie und da wird einer von ihnen in einer unantastbaren Stellung, wie der verstorbene Sir William Gull, selbst in die Zeugenbank gehen und aussagen, was er über die Art und Weise der Behandlung eines Patienten wirklich denkt. Aber ein solches Vorgehen wird von seinen Kollegen als beinahe niederträchtig angesehen.

Warum die Ärzte zusammenhalten

Die Wahrheit ist, daß es niemals eine öffentliche Verständigung zwischen Ärzten gäbe, wenn sie nicht über den Hauptpunkt, daß der Arzt immer recht habe, einig sein wollten. Trotzdem aber glaubt der Zwei-Pfund-Arzt niemals, daß der Fünf-Shilling-Arzt recht hat. Wenn er das glaubte, würde er stillschweigend zugeben, daß er um ein Pfund fünfzehn Shilling überbezahlt wird. Aus demselben Grund kann der Fünf-Shilling-Arzt auch nicht der Meinung Vorschub leisten, daß der Sechs-Pence-Wundarzt aus der nächsten Straße ganz auf seiner Höhe sei. So muß denn selbst der Laie lernen, daß Unfehlbarkeit nicht ganz unfehlbar ist, weil man davon zu zwei verschiedenen Preisen zweierlei Qualität haben kann.
Es gibt keine Einigkeit, nicht einmal im selben Rang und zum selben Preis. Während der ersten großen Grippeepidemie

gegen Ende des neunzehnten Jahrhunderts hat ein Londoner Abendblatt einen kranken Journalisten zu allen großen Konsiliarärzten jener Zeit geschickt und ihren Rat und ihre Verordnungen veröffentlicht, ein Vorgang, der von den medizinischen Schriften als ein Vertrauensbruch gegenüber jenen hervorragenden Ärzten gebrandmarkt wurde. Die Diagnose war die gleiche, aber die Verordnungen waren so verschieden wie der erteilte Rat. Nun kann ein Arzt nicht seine eigene Behandlung und gleichzeitig die seines Kollegen für richtig halten, wenn er bei demselben Patienten eine andere Behandlung vorschlägt. Jeder, der jemals Ärzte gut genug gekannt hat, um medizinisches Aus-der-Schule-Plaudern ohne Reserve zu hören, weiß, daß sie alle voll von Geschichten über die Irrtümer und Dummheiten der anderen sind, und daß die Theorie ihrer Allwissenheit und Allmacht unter ihnen selbst nicht mehr gilt als bei Molière und Napoleon. Aber gerade aus diesem Grund wagt es kein Arzt, den andern eines Kunstfehlers öffentlich zu bezichtigen. Er ist seiner eigenen Meinung nicht sicher genug, um damit einen anderen Menschen zugrunde zu richten. Er weiß, daß keines Arztes Lebensunterhalt oder Ruf auch nur ein Jahr in Sicherheit wäre, wenn solches Vorgehen in seinem Beruf geduldet würde. Ich tadle ihn deshalb nicht, ich würde selbst das gleiche tun. Aber die Folge dieser Verhältnisse ist, daß der medizinische Beruf eine Verschwörung ist, die den Zweck hat, die eigene Unzulänglichkeit zu verbergen. Zweifellos kann das von allen Berufsgattungen behauptet werden. Sie sind alle Verschwörungen gegen die Laien; und ich behaupte nicht, daß die medizinische Verschwörung schlimmer sei als die juristische Verschwörung, die priesterliche Verschwörung, die pädagogische Verschwörung, die königliche und aristokratische Verschwörung, die literarische und künstlerische Verschwörung und die unzählbaren kommerziellen und finanziellen Verschwörungen von den großen Arbeitervereinen bis zu den großen Börsen, die zusammen den gewaltigen Kampf darstellen, den wir »Gesellschaft« nennen. Aber die ärztliche Verschwörung wird weniger verdächtigt.

Die Operationsmanie

So steht alles auf der Seite des Arztes. Wenn Menschen an einer Krankheit sterben, so heißt es, daß sie infolge natürlicher Ursachen gestorben sind. Wenn sie gesund werden (was meistens der Fall ist), so wird das dem Arzt zugute geschrieben, der sie behandelt hat. In der Chirurgie werden alle Operationen erfolgreich genannt, wenn der Patient das Spital lebend verlassen kann, obgleich die Folgeerscheinungen derartig ausfallen können, daß ein anständiger Chirurg ein Gelübde ablegen würde, nie wieder eine Operation zu empfehlen oder auszuführen. Die große Menge von Operationen, die darin besteht, daß man Gliedmaßen amputiert und Organe entfernt, sind von einer nicht direkt nachweisbaren Notwendigkeit. Es gibt eine Operationsmode, wie es eine Hemden- und Ärmelmode gibt: der Triumph eines Chirurgen, der endlich herausgefunden hat, wie man eine bis dahin für unmöglich gehaltene Operation mit ziemlicher Sicherheit ausführen kann, hat gewöhnlich eine wahre Operationswut zur Folge, nicht nur unter den Ärzten, sondern sogar unter ihren Patienten. Es gibt Männer und Frauen, die der Operationstisch zu bezaubern scheint. Halbwegs lebendige Menschen verlieren aus Eitelkeit oder Hypochondrie oder aus einem gierigen Verlangen, der fortwährende Gegenstand ängstlicher Beobachtung zu sein, oder aus irgendeinem anderen Grund das bißchen Sinn, das sie für den Wert ihrer eigenen Organe oder Gliedmaßen gehabt haben. – Das Vergnügen, über sich als Helden und Heldinnen sensationeller Operationen zu sprechen und andere darüber sprechen zu hören, ist so groß, daß sie die Chirurgen nicht nur durch gewaltige Honorare, sondern auch durch dringende Bitten dazu verleiten. Nun kann man nicht oft genug wiederholen, daß die Überflüssigkeit einer einmal ausgeführten Operation niemals bewiesen werden kann. Wenn ich mich weigere zu erlauben, daß man mir das Bein abnimmt, können Brand und Tod beweisen, daß ich unrecht hatte. Aber wenn ich mir das

Bein abnehmen lasse, kann niemand jemals beweisen, daß, wär' ich eigensinnig gewesen, es auch brandig geworden wäre. Die Operation ist daher für den Chirurgen eine ebenso sichere wie einträgliche Sache. Deshalb spricht man von »konservativen« (wörtlich: erhaltenden) Chirurgen als von einer bestimmten Kategorie praktischer Ärzte, die es sich zur Regel macht, nicht zu operieren, wenn sie es irgend verhindern können, und die von Leuten aufgesucht werden, die genug Lebenskraft haben, um in einer Operation nur die allerletzte Zuflucht zu sehen. Aber kein Chirurg ist gezwungen, die konservative Ansicht zu teilen. Wenn er glaubt, daß ein Organ bestenfalls ein nutzloses Überbleibsel sei und daß, wenn er es entfernt, der Patient in vierzehn Tagen gesund wird und nichts mehr davon spürt, während das Abwarten der natürlichen Heilung eine monatelange Krankheit bedeuten würde, dann ist er sicherlich berechtigt, die Operation zu empfehlen, selbst wenn die Heilung ohne Operation so sicher ist, wie etwas Derartiges eben sicher sein kann. Es können somit sowohl der konservative Chirurg als auch der radikale oder ausrottende, soweit das letzte Ergebnis der Kur in Betracht kommt, im Recht sein, so daß ihnen beiden ihr Gewissen nicht aus ihren Meinungsverschiedenheiten heraushelfen kann.

Gläubigkeit und Chloroform

Es gibt keine härtere wissenschaftliche Tatsache in der Welt als die Tatsache, daß Gläubigkeit eigentlich in unbegrenzter Menge und Stärke erzeugt werden kann, ohne Beobachtung oder Vernunft, ja selbst trotz beider. Der einfache Wunsch der Menschen zu glauben, genügt, denn er ist auf den Nutzen gegründet, den sie aus dem Glauben ziehen. Jeder kennt die Fälle erotischer Verblendung der Jugend, die in (für die anderen) ganz gewöhnlichen und nicht einmal einwandfreien Mädchen und Jünglingen Engel und Helden sieht. Aber sie bewährt sich auf dem ganzen Feld der menschlichen Tätigkeiten. – Ärzte sind gegen solche Einbildungen nicht gefestigter als andere Menschen. Kann irgend jemand daran zweifeln, daß unter den bestehenden Verhältnissen eine große Menge unnötiger und unheilvoller Operationen ausgeführt und die Patienten in der Einbildung ermutigt werden müssen, daß die moderne Chirurgie und Anästhesie Operationen viel weniger ernst und gefährlich gemacht haben, als sie es tatsächlich sind? Wenn die Ärzte für das Publikum über Operationen schreiben oder sprechen, deuten sie immer an – manchmal sagen sie es sogar offen –, daß das Chloroform die Chirurgie schmerzlos gemacht habe. Der Patient fühlt das Messer nicht, und die Operation wird dadurch für den Chirurgen ungeheuer erleichtert; doch zahlt der Patient die Anästhesierung mit Stunden elenden Krankheitsgefühls, und wenn das vorüber ist, kommt der Schmerz der Wunde, die wie jede andere heilen muß.

Die Psychologie der Selbstachtung bei Chirurgen

Obwohl der Chirurg oft gewissenloser als der praktische Arzt ist, vermag er seine Selbstachtung leichter zu erhalten. Das menschliche Gewissen kann von sehr fragwürdiger Nahrung leben. Ein Mensch, der sich mit der sorgfältigen Ausführung einer schwierigen Sache befaßt, verliert seine Selbstachtung niemals. Der Ausreißer, der Pfuscher, der Simulant, der Feigling, der Schwächling, sie alle können über ihrem eigenen Mißgeschick und ihren Betrügereien die Fassung verlieren; aber der Mensch, der das Böse geschickt, energisch, meisterhaft vollbringt, wird nach jedem Verbrechen stolzer und kühner. Der gewöhnliche Mensch mag seine Selbstachtung auf Mäßigkeit, Anständigkeit und Fleiß begründen, aber ein Napoleon braucht für seinen Begriff von Würde keine solchen Stützen. Wenn Nelsons Gewissen ihm in ruhigen Nachtwachen überhaupt etwas zugeflüstert hat, kann man sich darauf verlassen, daß es die Stimme über die Ostsee und den Nil und das Kap St. Vincent und nicht über Nelsons Treulosigkeit gegen seine Frau erhoben hat. Ein Mensch, der kleine Kinder überfällt und ausraubt, wenn niemand zusieht, kann wohl kaum viel Selbstachtung besitzen; aber ein perfekter Einbrecher muß einfach stolz auf sich sein. In dem Stück, das ich hiermit einleite, habe ich einen Künstler dargestellt, dem sein künstlerisches Gewissen so vollständig genügt, daß er mit dessen Hilfe zwar wie ein Heiliger zu sterben vermag, aber in jeder anderen Beziehung vollkommen selbstsüchtig und gewissenlos leben kann, ohne das Gefühl, auch nur das geringste Unrecht zu begehen. Dasselbe kann man bei Frauen beobachten, die, was ihre persönliche Anziehungskraft betrifft, Genies sind. Sie verschwenden mehr Gedanken, Arbeit, Geschicklichkeit, Erfindungsgabe, Geschmack und Leiden, um sich schön zu machen, als nötig wäre, um ein Dutzend häßlicher Frauen ehrenhaft zu erhalten. Und das befähigt sie, eine hohe Meinung von sich zu bewahren und eine zornige Verachtung für unansehnliche und persönlich verwahrloste Frauen zu hegen, während sie, ohne zu erröten, lügen, betrügen, verleumden und sich verkaufen. Die Wahrheit ist, daß kaum einer von uns genug ethische Energie für mehr als einen wirklich unbeugsamen Ehrbegriff besitzt. Andrea del Sarto muß wie Louis Dubedat in meinem Stück zur Erlangung seiner großen Meisterschaft im Zeichnen und seiner Originalität in der Freskomalerei mehr Gewissenhaftigkeit und Fleiß aufgewandt haben, als zur Schaffung des Rufes eines Dutzends gewöhnlicher Bürger und Kirchenaufseher nötig gewesen wäre. Aber als der König von Frankreich ihm zum Ankauf von Bildern Geld anvertraute, stahl er es (wenn man Vasari glauben darf), um es für seine Frau auszugeben. Solche Fälle kommen nicht nur bei hervorragenden Künstlern vor. Erfolglose, ungeschickte Menschen sind oft gewissenhafter als erfolgreiche. In den Reihen der gewöhnlichen Handwerker gibt es viele, die gute Löhne verdienen und nie ohne Arbeit bleiben, weil sie stark, unermüdlich und geschickt sind und daher eine hohe Selbstachtung besitzen. Aber sie sind zugleich selbstsüchtig und tyrannisch, gierig und dem Trunk ergeben, was ihre Frauen und Kinder aus eigener bitterer Erfahrung bestätigen können.

Diese talentvollen, energischen Menschen bewahren nicht nur ihre eigene Selbstachtung bei solchem schmachvoll schlechten Benehmen; sie verlieren auch nicht einmal die Achtung anderer, weil ihre Talente jedem zugute kommen und jeden interessieren, während ihre Laster nur wenigen schaden. Ein Schauspieler, ein Maler, ein Komponist, ein Dichter kann so selbstsüchtig sein, wie er will, ohne daß das Publikum ihm daraus einen Vorwurf macht, wenn er nur in seiner Kunst Hervorragendes leistet. Und er kann diese Bedingung nicht erfüllen, ohne so viele Opfer zu bringen, daß er sich trotz seiner Selbstsucht edel und märtyrerhaft vorkommt. Es mag sogar geschehen, daß die Selbstsucht eines Künstlers dem Publikum zugute kommt, indem sie ihn befähigt, sich der Befriedigung des Publikums zu widmen und alle anderen Rücksichten derart abzuschütteln, daß er für seine unmittelbare Umgebung höchst gefährlich wird. Indem er andere für sich opfert, opfert er sich selbst dem Publikum, das er befriedigt, und das Publikum ist mit dieser Teilung ganz zufrieden. Das Publikum hat tatsächlich ein Interesse an den Lastern des Künstlers.

An den Lastern des Chirurgen hat es keinerlei derartiges Interesse. Die Kunst des Chirurgen wird auf Kosten des Publikums, nicht aber zu dessen Befriedigung geübt. Wir gehen nicht an den Operationstisch, wie wir ins Theater, in die Bildergalerie, ins Konzert gehen, um unterhalten und entzückt zu werden. Wir gehen hin, um gequält und verstümmelt zu werden, damit uns nicht noch schlimmere Dinge zustoßen. Es ist für uns von äußerster Wichtigkeit, daß die Sachverständigen, auf deren Versicherung hin wir solchem Entsetzen ins Antlitz sehen und solche Verstümmelung erleiden, keinerlei Interesse als unser eigenes haben, daß sie unsere Fälle wissenschaftlich beurteilen und uns gütig gesinnt sind. Wir wollen nun die Garantien betrachten, die wir besitzen – erst was die Wissenschaft und dann was die Güte betrifft.

Sind Ärzte Männer der Wissenschaft?

Ich glaube nicht, daß jemand Zweifel am Bestehen des weitverbreiteten Irrtums äußern wird, demzufolge jeder Arzt für einen Mann der Wissenschaft gehalten wird. Nur eine kleine Gemeinde, die in der Wissenschaft mehr sieht als eine Gaukelei mit Retorten und Spirituslampen, Magneten und Mikroskopen und mit Entdeckungen magischer Kuren für Krankheiten, macht diesen Irrtum nicht mit. Für den Ignoranten ist jeder Kapitän eines Handelsschiffes ein Galilei, jeder Drehorgelspieler ein Beethoven, jeder Klavierstimmer ein Helmholtz, jeder Advokat ein Solon, jeder Vogelhändler ein Darwin, jedes Schreiberlein ein Shakespeare, jede Lokomotive ein Wunder und ihr Führer nicht weniger bewunderungswürdig als George Stephenson. Tatsächlich sind die meisten Ärzte aber nicht wissenschaftlicher als ihre Schneider, oder, wenn man es lieber umgekehrt ausdrücken will, ihre Schneider sind nicht weniger wissenschaftlich als sie. Die Heilkunde ist eine Kunst, keine exakte Wissenschaft. Jeder Laie, der genügend Interesse an der Wissenschaft hat, um eine wissenschaftliche Zeitung zu lesen und die Literatur der wissenschaftlichen Bewegungen zu verfolgen, weiß davon mehr als jene Ärzte (wahrscheinlich die große Mehrzahl), die sich nicht dafür interessieren und nur praktizieren, um ihr tägliches Brot zu verdienen. Die Medizin ist nicht einmal die Kunst, Leute gesund zu erhalten – sie ist die Kunst, Krankheiten zu heilen. Es kommt allerdings ausnahmsweise auch einmal vor, daß ein praktischer Arzt der Wissenschaft seinen Tribut zollt (in meinem Drama *Des Doktors Dilemma* habe ich einen sehr bedeutenden dieses Schlages beschrieben), aber viel öfter zieht er aus seiner klinischen Erfahrung entsetzliche Schlüsse, weil er von der wissenschaftlichen Methode keine Vorstellung hat und wie jeder Bauer glaubt, daß die Handhabung statistisch festgestellter Fakten keine Geschicklichkeit verlange. – Abgesehen von den Dorfhexen, die Formeln murmeln und Zaubertränke verkaufen, sind in England die einfachsten Berufsheiler die Kräutersammler. Diese Menschen wandern sonntags durch die Felder und suchen nach Pflanzen mit magischen Eigenschaften, welche heilen, Geburten verhindern können und dergleichen. Jeder von ihnen glaubt, Gott weiß warum, daß er einer großen Entdeckung auf der Spur sei, bei der die virginische Schlangenwurzel eine Rolle spielen wird. Die virginische Schlangenwurzel erregt die Einbildungskraft des Kräutlers, wie das Quecksilber die der Alchimisten erregte. An Wochentagen hält er einen Laden, in welchem er Pakete von Flohkraut, Löwenzahn usw. verkauft mit kleinen Verzeichnissen der Krankheiten, die zu heilen sie bestimmt sind und die sie anscheinend auch wirklich heilen, zur Zufriedenheit der Leute, die sie nach wie vor kaufen. Ich habe niemals irgendeinen Unterschied zwischen der Wissenschaft des Kräutlers und der des geprüften registrierten Arztes zu entdecken vermocht. Einer meiner Verwandten konsultierte neulich einen Arzt wegen jener gewöhnlichen Symptome, die die Notwendigkeit des Ausruhens und einer Luftveränderung anzeigen. Der Arzt fand das Herz des Patienten ein wenig schwach. Da Digitalis von den Ärzten als spezifisches Heilmittel für Herzkrankheiten bezeichnet wird, verschrieb er sofort eine stärkere Dosis. Glücklicherweise war der Patient eine kräftige alte Dame, die nicht so leicht umzubringen war. Sie erholte sich ohne schlimmere Folgen als ihren Beitritt zur Sekte der Christian Science, die ihre Beliebtheit ebensosehr dem Mißtrauen des Publikums gegen die Ärzte wie dem Aberglauben verdankt. Man beachte, daß ich mich hier nicht mit der Frage beschäftige, ob die Dosis Digitalis angezeigt war oder nicht. Wichtig dabei ist nur, daß ein Feldarbeiter, der einen Kräutler konsultiert hätte, auf genau dieselbe Weise behandelt worden wäre.

28

Bakteriologie als Aberglaube

Die oberflächliche Kenntnis der Wissenschaft, welche alle Menschen – selbst die Ärzte – heutzutage aus den gewöhnlichen Tageszeitungen aufschnappen, macht den Arzt noch gefährlicher, als er es früher war. Früher haben gescheite Leute getrachtet, Ärzte zu konsultieren, die ihre ärztlichen Diplome vor 1860 erlangt hatten, da diese Ärzte gewöhnlich die Keimtheorie und die bakteriologische Therapie verachteten oder ihnen gleichgültig gegenüberstanden. Aber jetzt, wo diese Veteranen sich größtenteils zurückgezogen haben oder gestorben sind, bleiben wir den Händen jener Generation ausgeliefert, die von Mikroben ungefähr auf dieselbe Art und Weise etwas gehört hat wie der heilige Thomas von Aquin von den Engeln und die deshalb plötzlich zu der Schlußfolgerung gelangt ist, daß die ganze Heilkunst in die Formel gedrängt werden könne: man finde die Mikrobe und töte sie; wobei sie nicht einmal wußten, wie man das anstellen sollte. Die einfachste Art, die meisten Mikroben zu töten, besteht darin, sie auf die Straße oder in den Fluß zu werfen und von der Sonne bescheinen zu lassen. Das erklärt die Tatsache, wieso bei großen Städten, die rücksichtslos all ihr Abwasser in den offenen Fluß geschüttet hatten, das Wasser trotzdem manchmal zwanzig Meilen hinter der Stadt reiner gewesen ist als dreißig Meilen vorher. Aber Ärzte gehen instinktiv allen beruhigenden Tatsachen aus dem Weg und übertreiben eifrig alle diejenigen, die es wie ein Wunder erscheinen lassen, daß jemand drei Tage lang in einer Atmosphäre leben kann, die hauptsächlich aus zahllosen Krankheitskeimen besteht. Sie halten die Mikroben für unsterblich, bis sie von einem keimtötenden Mittel hingerafft werden, das von einem ordnungsgemäß qualifizierten Medizinmann angewendet wird. In ganz Europa werden die Leute durch öffentliche Ankündigungen und selbst bei gesetzlichen Strafen beschworen, ihre Mikroben nicht an die Sonne zu bringen, sondern sie sorgfältig in einem Taschentuch zu sammeln, das Taschentuch im

29

Dunkel und in der Wärme der Tasche vor der Sonne zu schützen und es in eine Wäscherei zu geben, wo es mit den Taschentüchern aller anderen vermischt wird. Die Resultate davon sind den örtlichen Sanitätsbehörden nur zu gut bekannt.

In der ersten Raserei, alle Mikroben zu töten, wurden chirurgische Instrumente in Karbolöl getaucht, was ein großer Fortschritt war, denn früher hat man sie in gar nichts getaucht und sie schmutzig verwendet. Aber da die Mikroben das Karbolöl so gern haben, daß sie sich darin vermehren, war es vom Standpunkt der Mikrobengegner kein Erfolg. Formalin wurde in den Blutkreislauf Schwindsüchtiger eingespritzt, bis man entdeckte, daß Formalin die Tuberkelbazillen sehr nett ernährt und die Menschen tötet. Die volkstümliche Krankheitstheorie ist auch die allgemeine medizinische Theorie, die Theorie nämlich, daß jede Krankheit ihre Mikrobe besitzt, die im Garten Eden regelrecht erschaffen wurde und sich seitdem stetig fortpflanzt und immer weitere Kreise zieht. Es war aber vom ersten Augenblick an klar, daß die ganze Menschheit, wenn dies auch nur annähernd zuträfe, längst von der Pest wäre ausgerottet worden, und daß jede Epidemie sich über die ganze Erde verbreiten würde, statt ebenso rätselhaft zu verschwinden, wie sie ausgebrochen ist. Es war auch klar, daß die charakteristische Mikrobe einer Krankheit ebensogut ein Symptom wie eine Ursache sein kann. Ein unpünktlicher Mensch hat immer Eile, aber daraus folgt nicht, daß die Eile die Ursache seiner Unpünktlichkeit ist. Im Gegenteil, Trägheit ist schuld daran. Als Florence Nightingale geradeheraus behauptete, daß Soldaten immer Blattern kriegen, wenn man sie in schmutzigen Quartieren zusammenpfercht, wurde sie als unwissendes Frauenzimmer angeschnauzt, weil sie nicht wüßte, daß Blattern nur durch die Zufuhr ihrer spezifischen Mikroben erzeugt werden könnten.

Wenn das schon bei den Blattern so war, deren Mikrobe niemals entdeckt worden und unter das Mikroskop des Bak-

30

teriologen gekommen ist, wie groß muß der Überzeugungs-
eifer erst bei der Tuberkulose, dem Starrkrampf, dem Bauchtyphus, der Malaria, der Diphterie und den übrigen Krankheiten gewesen sein, für die der charakteristische Bazillus
entdeckt worden war! Wenn sich kein Bazillus gefunden
hatte, nahm man an, daß er sich einfach der Beobachtung
entzog – denn eine Krankheit ohne Bazillus konnte es einfach
nicht geben. Wurde der Bazillus gefunden, was häufig der Fall
war bei Personen, die von der Krankheit *nicht* erfaßt worden
waren, so wurde die Theorie gleichwohl gerettet, indem man
den Bazillus einfach einen Betrüger oder Pseudobazillus
nannte. Die gleiche unumschränkte Gläubigkeit, die das Publikum in bezug auf die Macht der Diagnose eines Arztes
aufbringt, wurde von den Ärzten selbst bekundet, wenn es
sich um Mikrobenjäger handelte. Diese Zauberkünstler waren bereit, einem für sieben Shilling und sechs Pence ein
Zeugnis auszustellen, worin sie dem Betreffenden die eigentliche Beschaffenheit von irgend etwas auseinandersetzten, sei
es von einer Probe seines Brunnenwassers, sei es von einem
Stück seiner Lunge. Ich behaupte nicht, daß die Chemiker
unehrlich waren, zweifellos führten sie die Analyse so weit
durch, wie es für das aufgewendete Geld möglich war; zweifellos konnten sie es sich auch leisten, die Analyse mit einigem
Nutzen durchzuführen; geradeso wie Ärzte für zweieinhalb
Shilling ohne die geringste Besorgnis Operationen durchfüh-
ren, die mit wirklich wissenschaftlicher Strenge und den notwendigen Apparaten von einem privaten praktischen Arzt,
wenn er sie allein ausführen wollte, für weniger als ein paar
tausend Pfund gar nicht ausgeführt werden könnten. So gingen diese Analytiker von der Annahme aus, daß sie imstande
seien, das letzte Wort der Wissenschaft über die Beschaffenheit ihrer pathologischen Proben für den Preis einer zweistün-
digen Droschkenfahrt zu liefern.

Ökonomische Schwierigkeiten der Immunisierung

Ich habe Ärzte bei einer Krankheit und deren Behandlung beinahe jeden möglichen Vorschlag sowohl anpreisen als auch leugnen hören. Ich kann mich der Zeit erinnern, da den Ärzten nicht einmal im Traum eingefallen wäre, daß Schwindsucht und Lungenentzündung ansteckende Krankheiten seien, sowenig sie sich jetzt träumen lassen, daß die Seekrankheit ansteckend sei, oder sowenig ein großer klinischer Beobachter wie Sydenham von der Ansteckung der Blattern träumte. Ich habe Ärzte leugnen hören, daß es so etwas wie Ansteckung überhaupt gäbe, ich habe sie das Vorhandensein der Tollwut als einer besonderen Krankheit, die sich vom Starrkrampf unterscheidet, leugnen hören. Ich habe gehört, daß sie prophylaktische Maßnahmen und prophylaktische Verordnungen als die einzige und sichere Errettung der Menschen vor Infektionskrankheiten verteidigten, und ich habe eines wie das andere auch als bösartige Auslöser von Krebs und Wahnsinn bezeichnen hören. Aber *einen* Einwand habe ich niemals von einem Arzt gehört, nämlich den, daß die Prophylaxe durch die gebräuchlichste Impfungsmethode in unserem System, in dem die Ärzte ihre Privatpraxis betreiben, eine ökonomische Unmöglichkeit ist. Sie kaufen jemandem irgendein Zeugs für einen Shilling ab und spritzen ein bißchen davon unter die Haut ihres Patienten für zwei Shilling und sechs Pence und schließen daraus, daß das Problem der Prophylaxe zufriedenstellend gelöst sei, da dieser einfache Vorgang dem Arzt und dem Händler, von dem man das Zeugs gekauft hat, Geld einträgt. Die Folgen sind manchmal nicht schlimmer, als wenn Schmutz in Schnittwunden gelangt, aber weder der Arzt noch der Patient sind ganz zufrieden, ehe die Impfung nicht »angreift«, das heißt, ehe sie fühlbare Krankheit und Schwäche bereitet. Manchmal kriegen sowohl Arzt wie Patient in dieser Richtung mehr, als sie verlangt haben. Die schlimmsten Folgen der Impfung sind in der gewöhnlichen Privatpraxis so arg, daß sie von den Folgen der erbärmlichsten und gefürchtetsten Krankheit nicht zu unterscheiden sind, und Ärzte haben, um die Ehre der Impfung zu retten, sich dazu bewegen lassen, ihre Patienten oder die Eltern ihrer Patienten anzuklagen, daß sie sich diese Krankheit unabhängig von der Impfung zugezogen hätten. Eine Beschuldigung, die die Familie in keiner Weise beruhigt und zu öffentlichen Gegenbeschuldigungen führt, bei welchem Anlaß die Ärzte, die alles, was nicht zu der augenblicklichen Streitfrage gehört, vergessen, sich in naiver Weise entschuldigen, indem sie zugeben und es sogar als einen Punkt zu ihren Gunsten hervorheben, daß es oft unmöglich sei, die durch die Impfung hervorgerufene Krankheit von der Krankheit zu unterscheiden, die sich zugezogen zu haben, sie den Patienten beschuldigen. Und beide Parteien gehen davon aus, daß der einzige Streitpunkt die wissenschaftliche Richtigkeit der Heilmethode sei. Es fällt ihnen niemals ein, daß der besondere Krankheitserreger, den sie in den Blutkreislauf des Patienten einführen, an der Katastrophe ganz unschuldig und der zufällige Schmutz, der miteingeführt wurde, schuld daran sein könnte. Wenn, wie im Fall der Blattern oder Kuhpocken, der Krankheitserreger noch nicht entdeckt wurde, so ist das, was man einspritzt, nichts anderes als ein unbestimmter Stoff, den man von einem chemisch durchaus nicht reinen Kalb abgeschabt hat, das an der fraglichen Krankheit litt. Man läßt es darauf ankommen, daß der Krankheitserreger in der Pustel sitzt, und damit man ihn nicht tötet, gebraucht man keinerlei Vorsichtsmaßregeln gegen andere Krankheitserreger, die ebensogut vorhanden sein können. Als Resultat einer solchen Impfung kann sich alles mögliche ereignen. Dennoch ist es der einzige Stoff dieser Art, der sogar in staatlichen Anstalten zubereitet und geliefert wird, das heißt in den einzigen Anstalten, die frei sind von der geschäftlichen Versuchung, den Stoff zu verfälschen und Vorsichtsmaßregeln zu vernachlässigen.

Aber auch wenn der Krankheitserreger festgestellt wäre, würden sich gründliche Vorsichtsmaßregeln kaum lohnen.

Das Erzeugen von Mikroben ist zwar nicht kostspielig. Die Verpflegungs- und Unterkunftskosten von zwei Stück Vieh würden für die Versorgung so vieler Mikroben genügen, daß man die ganze Weltbevölkerung seit Menschengedenken damit impfen könnte. Aber um durch Vorsichtsmaßregeln vorzubeugen, daß der Impfstoff nichts anderes enthalte als den gewünschten Krankheitserreger im richtigen Stadium der Schwächung, ist etwas ganz anderes erforderlich als die Vorsichtsmaßregeln, die bei der Verteilung und dem Verbrauch von Beefsteaks nötig sind. Die Leute hoffen jedoch, Pocken und Antitoxine und dergleichen zu »populären« Preisen im Einzelverkauf und in Privatgeschäften zu kriegen, genauso wie sie gewohnt sind, dort ihre paar Gramm Tabak oder ihre Stecknadelbriefchen zu kriegen.

Das Gefährliche an der Impfung

Das Übel ist mit der Impfungsangelegenheit noch nicht erschöpft. Der Zustand des Patienten muß auch in Betracht gezogen werden. Die Entdeckungen von Sir Almroth Wright haben gezeigt, daß die erschreckenden Ergebnisse, die zu dem eiligen Aufgeben von Kochs Tuberkulin im Jahre 1894 führten, keine Zufälligkeiten waren, sondern vollkommen ordnungsgemäße und unvermeidliche Erscheinungen, welche die Folge der Einspritzung des gefährlich starken Impfstoffes im unrichtigen Augenblick sind. Sie verstärken die Krankheit selbst, statt die Widerstandskraft dagegen. Will man sich den richtigen Augenblick sichern, so benötigt man ein Labor und ein Personal von Sachverständigen. Da der gewöhnliche praktische Arzt kein solches Labor und keine solche Erfahrung besitzt, hat er es immer darauf ankommen lassen müssen, wobei er, wenn er mit seiner Impfung Unglück hatte, darauf beharrte, daß die Folgen nichts mit der Impfung zu tun, sondern irgendeine andere Ursache hätten. Besonders gern, aber nicht sehr taktvoll, schreibt er der Trunksucht oder

der Ausschweifung des Patienten alle Folgeerkrankungen zu. Aber obwohl jetzt einige Ärzte die Gefahr der Impfung ohne Rücksicht auf den »Opsoningehalt« des Patienten im Augenblick der Impfung erkannt haben, und obwohl jene anderen Ärzte, welche die Gefahr als Einbildung und Opsonin als einen Wahnsinn oder ein Steckenpferd bezeichnen, dies augenscheinlich nur deshalb tun, weil sonst ein Vorgehen erforderlich ist, für welches sie weder die Mittel noch die Kenntnisse besitzen, fehlt noch immer das Verständnis für das ökonomisch Neue an der Sache. Die Ärzte sind niemals darauf aufmerksam gemacht worden, daß die Anwendbarkeit einer Methode, die eine Krankheit beseitigen soll, nicht nur von ihrer Wirksamkeit, sondern auch von ihren Kosten abhängt. Beispielsweise ist die Welt gerade über das Radium ganz aus dem Häuschen geraten; es erregt unsere Gläubigkeit genau in dem Maße, wie die Erscheinungen in Lourdes die Gläubigkeit der Katholiken erregen. Wir wollen einmal annehmen, es stände fest, daß jedes Kind auf Erden zeitlebens vollkommen immun gegen jede Krankheit gemacht werden könnte, wenn es mit jedem Glas Milch ein halbes Pfund Radium zu sich nähme. Die Welt wäre deshalb nicht gesünder, weil nicht einmal ein Kronprinz – nein, nicht einmal der Sohn eines Chicagoer Fleischkönigs – sich diese Behandlung leisten könnte. Trotzdem ist es sehr fraglich, ob die Ärzte aus diesem Grund von der Befürwortung des Mittels absehen würden. Die Ruchlosigkeit, mit welcher sie jetzt den Winteraufenthalt in Ägypten oder Davos auch Leuten empfehlen, die es sich nicht einmal leisten können, nach Cornwall zu fahren, und mit der sie Champagnergelee und alten Portwein in Häusern empfehlen, wo solcher Luxus sichtlich auf Kosten der dringendsten Notwendigkeiten beschafft werden müßte, läßt oft die Frage aufkommen, ob man eine medizinische Erziehung genießen und dabei noch einen Funken gesunden Menschenverstandes zurückbehalten kann. –

Wenn es zur prophylaktischen Impfung kommt, hat der Arzt die Wahl zwischen dem vollkommen wissenschaftlichen

Verfahren, das zu einem vernünftigen Preis nur angewendet werden kann, wenn es vom Staat oder von der Gemeinde in einer öffentlichen Anstalt ordentlich ausgeübt wird, und so billigen, schmutzigen, gefährlichen und unwissenschaftlichen Nachbildungen dieses Verfahrens, wie es eine gewöhnliche Impfung ist, die wahrscheinlich, wie ihr ebenso gepriesener Vorläufer: die Impfung des achtzehnten Jahrhunderts, durch ein ausgesprochen reaktionäres Gesetz ihr Ende finden wird. Und dieses Gesetz wird dann alle Arten von Impfungen, ob wissenschaftlich oder nicht, zu verbrecherischen Handlungen erklären.

Die Ärzte und die Vivisektion

Der Ruf sensibelsten Menschentums ist für unsere Ärzte von so einleuchtender Wichtigkeit und die Menge wohltätiger Arbeit, die sie tatsächlich verrichten, ohne dafür bezahlt zu werden (ein großer Teil davon aus einfacher Gutmütigkeit), ist so groß, daß es auf den ersten Blick unerklärlich erscheint, warum sie nicht nur ihr ganzes Ansehen verschleudern, sondern nach reiflicher Erwägung sogar vorziehen, sich öffentlich mit Verbrechern und Schurken zu verbinden. Sie beanspruchen nämlich, bei der Anwendung ihrer berufsmäßigen Kenntnisse, ihre vollkommene Befreiung von der Einschränkung der Gesetze der Ehre, der Barmherzigkeit, der Gewissensbisse, kurz von allem, was einen ordentlichen Bürger von einem Südsee-Insulaner und einen Philosophen von einem Inquisitor unterscheidet. Wir suchen vergeblich nach einem ökonomischen oder einem emotionalen Beweggrund dafür. In jedem Zeitalter haben Narren und Schurken diesen Anspruch erhoben, und anständige, vernünftige Menschen haben sie, von den stärksten zeitgenössischen Geistern geführt, zurückgewiesen und ihre rohe Schurkerei aufgedeckt. Von Shakespeare und Doktor Johnson bis Ruskin und Mark Twain haben die beliebtesten Fürsprecher der Menschlichkeit dem natürlichen Entsetzen des geistesgesunden Menschen über die Grausamkeit des Vivisektors und der Verachtung, die ernste Denker gegenüber seinen schwachsinnigen Ausreden hegen, Ausdruck verliehen. Wenn die Gesellschaft der Ärzte die antivivisektionistischen Gesellschaften durch einen allgemeinen Protest gegen die Ausübung und Grundsätze der Vivisektoren überbieten würde, so würde jeder Arzt beträchtlich gewinnen durch das Gefühl ungeheurer Erleichterung und Versöhnung, das solcher Bürgschaftsleistung für die Menschlichkeit der Ärzte auf dem Fuß folgen würde. Nicht ein Arzt unter tausend ist selbst Vivisektor oder hat das leiseste pekuniäre oder intellektuelle Interesse an der Vivisektion, noch würde er seinen Hund grausam behandeln oder eine grausame Behandlung gestatten. Aber dennoch fügt sich der Arzt in die Mode der berufsmäßigen Verteidigung der Vivisektion genauso wie er irgendeine andere dumme Mode mitmacht und versichert uns, daß Leute wie Shakespeare und Doktor Johnson und Ruskin und Mark Twain unwissende Sentimentalisten gewesen seien. Das Rätsel liegt einfach darin, daß Vivisektion eine Mode wurde, obwohl sie für die, die sie mitmachen, so entehrend ist. Selbst wenn man die Wirkung der unverschämten Lügen von ein paar Leuten in Betracht zieht, die einen Zulauf von verzweifelnden Patienten dadurch erwerben, daß sie in Zeitungsinseraten vorgeben, durch Vivisektion die Heilung gewisser Krankheiten erlernt zu haben, und wenn man darüber hinaus den Versicherungen der besänftigenden Redner Glauben schenkt, die erklären, daß die gesetzlich geführte Vivisektion ganz schmerzlos sei, so ist es dennoch schwer, bei zivilisierten Leuten einen zivilisierten Beweggrund für eine Einstellung zu finden, durch welche die Ärzte alles zu verlieren und nichts zu gewinnen haben.

Der Beweggrund bei den Primitiven und Wilden

Ich sage vorsätzlich: einen zivilisierten Beweggrund, denn die Beweggründe der primitiven Volksstämme sind leicht genug zu erklären. Jeder wilde Häuptling, der kein Mohammed ist, muß sich dazu verstehen, wenn er die Einbildungskraft seines Stammes wecken will – und vermag er dies nicht, kann er ihn nicht regieren –, seinen Leuten von Zeit zu Zeit durch Taten entsetzlicher Grausamkeit oder widerlicher Unnatürlichkeit zu imponieren; einerlei, ob das nun Furcht oder Empörung zur Folge hat. Wir sind solchen Volksstämmen bei weitem nicht so überlegen, wie wir uns einbilden. Es ist in der Tat sehr fraglich, ob Peter der Große die Umwandlungen, die er in Rußland hervorgerufen hat, erreicht hätte, wenn er sein Volk durch seine ungeheuren Grausamkeiten und grotesken Einfälle nicht fasziniert und eingeschüchtert hätte. Wenn er ein englischer König aus dem neunzehnten Jahrhundert gewesen wäre, hätte er irgendeine gewaltige Katastrophe abwarten müssen: eine Choleraepidemie, einen Krieg oder einen Aufruhr, um uns genügend wachzurütteln, damit irgend etwas geschehen konnte. Die Vivisektion hilft dem Arzt zu regieren, wie Peter der Große die Russen regiert hat. Nicht nur die Barbaren glauben, daß der Mensch, der Entsetzen verbreitet, der Übermensch sei und daß er daher auch andere wunderbare Dinge, als Herrscher oder Rächer oder Heilkünstler oder was sonst noch, vollführen könne. Genauso verteidigt man die vielfachen Schlechtigkeiten und Dummheiten unseres Strafgesetzes, nicht weil sie generell einleuchten sollen oder weil man Jus studiert hat, nicht einmal aus einfacher Rachsucht, sondern aus dem Aberglauben heraus, daß jedes Unglück durch ein menschliches Opfer gesühnt werden müsse. So wurzelt auch die Schlechtigkeit und Dummheit unserer Ärzte in einem Aberglauben, der nicht mehr mit Wissenschaft zu tun hat als die traditionelle Zeremonie der Taufe eines Panzerschiffes mit der Wirksamkeit seiner Rüstung. Wir brauchen nur die Schilderungen Macaulays von der Behandlung Karls des Zweiten während seiner letzten Krankheit zu lesen, um zu erkennen, wie gut seine Ärzte einsahen, daß ihre einzige Möglichkeit, den Tod zu betrügen, in der Beleidigung der Natur, im Quälen und im abscheulichen Erschrecken ihres unglückseligen Patienten bestand. Das ist allerdings mehr als zwei Jahrhunderte her, aber ich habe meinen eigenen Großvater aus dem neunzehnten Jahrhundert das Schröpfen, Ausbrennen und die widerlichsten Arzneien seiner Zeit mit restlos überzeugtem Glauben an die günstigen Erfolge solcher Anwendungen schildern hören, und einige noch modernere Behandlungen kommen mir genauso barbarisch vor. Auf diese Weise rentiert sich die Vivisektion für den Arzt. Sie wendet sich an die Angst und die Leichtgläubigkeit des Wilden in uns, und ohne Angst und Leichtgläubigkeit hätte der Privatarzt nur halb soviel zu tun, und sieben Achtel seines Einflusses gingen zum Teufel.

Der höhere Beweggrund · Der Baum der Erkenntnis

Aber der mächtigste Bundesgenosse der Vivisektion ist die gewaltige und wahrhaftig göttliche Kraft der Neugier. Hier haben wir keinen absterbenden wilden Instinkt, den die Menschen wie die Blutgier des Tigers aus ihrer Seele auszurotten trachten. Ganz im Gegenteil, die Neugier des Affen oder des Kindes, das einer Fliege die Beine oder Flügel ausreißt, um zu sehen, wie sie sich ohne diese helfen wird, oder das, weil man ihm gesagt hat, daß eine Katze, die man aus dem Fenster wirft, immer auf die Füße fallen wird, das Experiment sofort an der nächstbesten Katze vom höchsten Fenster des Hauses aus versucht (ich muß aber bemerken, daß ich selbst es nur von einem Fenster des ersten Stockwerks versucht habe), ist nichts im Vergleich zu dem Wissensdurst des Philosophen, des Dichters, des Biologen und des Naturforschers. Ich habe Adam immer verachtet, weil er erst eines Weibes bedurfte, so wie sie der Schlange, um dazu gebracht zu werden, den Apfel vom Baum der Erkenntnis zu pflücken. Ich würde in dem Augenblick, da der Besitzer den Rücken gekehrt hätte, den ganzen Baum geplündert haben. Als Gray sagte: »Wenn Nichtwissen Seligkeit bedeutet, ist es Torheit, weise zu sein«, vergaß er, daß es nun einmal göttlich ist, weise zu sein; und da niemand mehr besonders selig zu sein wünschte oder mehr als nur den leisesten Vorgeschmack davon ertragen könnte, wenn die Göttlichkeit erreichbar wäre, jeder aber infolge des tiefsten Gesetzes der Lebenskraft gottähnlich sein will, ist es töricht und sogar wirklich gotteslästerlich und ein Zeichen, daß wir an Gott verzweifeln, wenn wir hoffen, der Wissensdurst könne abnehmen oder zulassen, daß die Lebenskraft sich irgendeinem anderen Zweck unterordnen würde. Wir werden später sehen, daß der Anspruch, der in dieser Beziehung für das bedingungslose Recht auf Wissenschaft erhoben wurde, zwar ebenso töricht ist wie alle Träume bedingungsloser Tätigkeit, aber nichtsdestoweniger muß das Recht auf Wissenschaft als ein fundamentales menschliches Recht betrachtet werden. Die Tatsache, daß Männer der Wissenschaft hart kämpfen mußten, um sich die Anerkennung dieses Rechtes zu sichern, und daß sie noch immer heftig verfolgt werden, wenn sie etwas entdecken, was für die gewöhnlichen Menschen nicht ganz angenehm ist, macht sie sehr eifersüchtig auf dieses Recht. Und wenn sie den Aufschrei eines Volkes über die Unterdrückung einer Untersuchungsmethode hören, die den Anschein einer wissenschaftlichen hat, besteht ihr erster Instinkt darin, sich zur Verteidigung dieser Methode ohne weitere Überlegung zusammenzuscharen mit dem Resultat, daß sie manchmal, wie im Falle der Vivisektion, bald um einen falschen Streitpunkt kämpfen.

Die Lücke in der Begründung

Ich will hier innehalten, um den Irrtum dieser Begründung auseinanderzusetzen. Das Recht auf Wissen ist dem Recht

40

auf Leben ähnlich. Es ist in seiner Voraussetzung wesentlich und bedingungslos. Das Wissen ist wie das Leben eine wünschenswerte Sache, obwohl jeder Narr beweisen kann, daß Unwissenheit Seligkeit ist und daß »ein wenig Wissen ein gefährlich Ding sei« (ein wenig ist das Höchste, was irgendeiner von uns wohl erreichen kann). Dieser Nachweis ist ebenso leicht zu führen wie der, daß die Beschwerden des Lebens zahlreicher und beständiger sind als seine Annehmlichkeiten und daß wir alle daher besser tot wären. Solche Logik ist unanfechtbar; aber ihre einzige Wirkung besteht darin, daß wir uns sagen: Wenn das die Folgerungen sind, die von der Logik abgeleitet werden, um so schlimmer für die Logik; und nach einer raschen Abkehr von diesem Wahnwitz leben und lernen wir instinktiv weiter und machen wie selbstverständlich Gesetze unter der Voraussetzung, daß kein Mensch nur deshalb getötet werden darf, weil er in seinem Grab glücklicher wäre, nicht einmal, wenn er langsam an Krebs zugrunde geht und den Arzt bittet, ihn rasch und barmherzig umzubringen. Um gesetzlich getötet zu werden, muß man das Recht auf Leben eines anderen verletzen, indem man ihn ermordet. Aber man ist keineswegs berechtigt, bedingungslos zu leben. In der Gesellschaft kann man sein Recht zu leben nur unter sehr förmlichen Bedingungen ausüben. In Ländern der allgemeinen Wehrpflicht kann man sogar gezwungen werden, sein individuelles Leben fortzuwerfen, um das Leben der Allgemeinheit zu erhalten.

Genauso steht es mit dem Fall des Rechtes auf Wissenschaft. Es ist ein Recht, das in der Praxis noch sehr unvollkommen anerkannt ist, aber in der Theorie wird zugegeben, daß ein erwachsener Mensch am Streben nach Wissenschaft nicht mit der Begründung gehindert werden darf, daß er ohne Wissenschaft glücklicher wäre. Eltern und Priester mögen jedem, der ihre Autorität anerkennt, das Wissen verbieten, und ein gesellschaftliches Tabu mag durch gesetzliche Verfolgung unter dem Vorwand durchgeführt werden, daß man die Blasphemie, das Unanständige und die Aufwiegelei unterdrücken will, aber keine Regierung verbietet ihren Untertanen heute unumwunden, sich Wissen zu erwerben mit der Begründung, daß Wissen an und für sich eine böse Sache sei oder daß es für irgendeinen von uns möglich wäre, zuviel davon zu haben.

Die Grausamkeit um ihrer selbst willen

Ich hoffe, daß es jetzt klar ist, warum der Angriff auf die Vivisektion kein Angriff auf das Recht der Wissenschaft ist. Denn wahrhaftig, die Führer des Angriffs sind jene, welche die tiefste Überzeugung von der Heiligkeit jenes Rechtes hegen. Kein Wissen ist der menschlichen Bemühung letztlich unzugänglich; wenn es auch unsere gegenwärtigen Fähigkeiten übersteigt, so sind die notwendigen Fähigkeiten doch nicht unerreichbar. Infolgedessen ist keine Untersuchungsmethode die einzige Methode, und kein Gesetz, das eine besondere Methode verbietet, kann uns die Wissenschaft versperren, die wir durch diese Methode zu erlangen hoffen. Die einzige Wissenschaft, die wir durch das Verbot der Grausamkeit verlieren, ist die Wissenschaft von der Grausamkeit selbst, und das ist genau die Wissenschaft, die sich menschenfreundliche Leute ersparen wollen.
Aber die Frage bleibt: Wollen wir wirklich alle von dieser Wissenschaft verschont bleiben? Sind menschenfreundliche Methoden den grausamen wirklich vorzuziehen?

Unsere eigenen Grausamkeiten

Wir dürfen uns, wenn wir die Grausamkeit der Vivisektion verkünden, nicht den Anschein von Überlegenheit geben. Wir begehen alle ebenso fürchterliche Dinge, sogar mit geringerer Entschuldigung. Aber indem wir das zugeben, machen wir auch mit dem tugendhaften Getue kurzen Prozeß, mit dem man uns auf die Menschlichkeit der Ärzte verweist als Bürgschaft dafür, daß die Vivisektion nicht mißbraucht werde – was genau dasselbe ist, wie wenn unsere Einbrecher uns versicherten, daß sie zu anständig seien, um das Einbrechergewerbe zu mißbrauchen. Wir sind tatsächlich eine grausame Nation, und unsere Gewohnheit, unsere Laster dadurch zu verbergen, daß wir den Übertretungen, die zu begehen wir entschlossen sind, höfliche Namen geben, täuscht mich nicht. Vivisektoren können kaum beanspruchen, besser zu sein als die Gesellschaftsklassen, aus denen sie stammen, oder als die, welche über ihnen stehen. Und wenn Leute aus diesen Klassen fähig sind, unter dem Deckmantel des Sports, der Mode, der Erziehung, der Disziplin auf allerlei grausame Arten Tiere zu opfern, ja sogar unter dem Deckmantel der Volkswirtschaft *Menschen*, so hilft dem Vivisektor seine Behauptung nichts, daß er unfähig sei, zu seinem Vergnügen oder Vorteil oder beiden zuliebe unter dem Deckmantel der Wissenschaft Grausamkeiten zu begehen. Wir sind alle gleichermaßen grausam, und die Vivisektoren beeilen sich, uns daran zu erinnern und heftig dagegen zu protestieren, daß Leute sie als ungewöhnlich grausam und als Erfinder entsetzlicher Folterwerkzeuge brandmarken, deren hauptsächliche Vergnügungen im grausamen Sport bestehen und deren Bedarf an scheußlichen, grausamen Menschenfallen ganze Seiten im Katalog der »Army and Navy Stores« füllen.

Die wissenschaftliche Erforschung der Grausamkeit

Es gibt im Menschen eine spezifische Neigung zur Grausamkeit, die sogar sein Mitleidsgefühl infiziert und es verwildert. Einfacher Ekel vor Grausamkeit ist sehr selten. Leute, die sich an Grausamkeit weiden, und solche, die dabei krank und ohnmächtig werden, gleichen einander oft in der Mühe, die sie sich geben, um Hinrichtungen, Operationen, Auspeitschungen oder irgend anderen Schaustellungen von Leiden

43

beizuwohnen, namentlich solchen, welche Blutvergießen, Schläge und Wunden nach sich ziehen. Man kann eine Sucht nach Grausamkeit genauso entwickeln wie die Trunksucht, und niemand, der die Grausamkeit als einen möglichen Faktor des Reizes der Vivisektion, ja selbst der Antivivisektion oder der Gläubigkeit, mit der wir Ausreden dafür finden, zu leugnen versucht, darf als ihr wissenschaftlicher Erforscher betrachtet werden. Diejenigen, welche die Vivisektoren anklagen, daß sie die wohlbekannte Leidenschaft für Grausamkeit unter dem Deckmantel der Forschung betrieben haben, stellen deshalb eine streng wissenschaftliche psychologische Hypothese auf, die außerdem einfach, menschlich, klar und wahrscheinlich ist. Das mag die persönliche Eitelkeit des Vivisektors ebenso verletzen, wie Darwins *Abstammung der Arten* diejenigen Leute verletzt hat, die es nicht ertragen konnten zu denken, daß sie Vettern von Affen wären, aber die Wissenschaft hat nur die Wahrheit der Hypothese zu berücksichtigen und nicht, ob sie eingebildeten Menschen gefällt oder nicht. Die sentimentalen Vorkämpfer der Vivisektion halten sich vergeblich für die humansten aller Menschen, die nur Schmerzen zufügen, um davon zu befreien, und die im Gebrauch von anästhesierenden Mitteln gewissenhaft vorgehen, frei von jeder Leidenschaft, außer der Leidenschaft des Mitleids für eine von Krankheit gequälte Welt.

Das Labor soll die Gemütsbewegungen des Vivisektors auf die Probe stellen

Man nehme den abgedroschenen Fall jenes Italieners, der Mäuse marterte, um etwas über die Wirkungen des Schmerzes zu erfahren, obgleich das Ergebnis weniger war, als der nächstbeste Zahnarzt ihm hätte sagen können, und der sich der ekstatischen Aufregung rühmte (er gebrauchte tatsächlich das Wort Liebe), mit der er seine Experimente ausgeführt hatte; oder den Fall des Mannes, der sechzig Hunde verhungern ließ, um die Tatsache festzustellen, daß ein Hund, dem man die Nahrung entzieht, allmählich leichter und schwächer und auffallend mager wird und schließlich stirbt. Eine unbezweifelte Wahrheit, aber eine, die man ohne Laborexperimente, nämlich durch eine einfache Erkundigung bei dem nächstbesten Schutzmann oder, wenn man keinen zur Verfügung hat, bei jedem geistesgesunden Menschen in Europa erfahren kann. Der Italiener ist offenbar ein grausamer Wollüstling, der Hundeaushungerer ein so hoffnungsloser Narr, daß es unmöglich ist, sich für ihn in irgendeiner Weise zu interessieren. Warum stellt man die Diagnose ihrer Krankheit nicht wissenschaftlich fest? Warum unterzieht man solche Leute, die unter dem Einfluß wollüstiger Ekstase stehen, nicht einer Reihe sorgfältiger Untersuchungen, um die physiologischen Symptome der Ekstase festzustellen? Dieser ersten Reihe lasse man eine zweite folgen, gemacht an Menschen, die sich mit Mathematik oder der Erfindung von Maschinen beschäftigen, um auf diese Weise die Symptome der nüchternen wissenschaftlichen Tätigkeit festzustellen. Dann verzeichne man die Symptome eines Vivisektors, der ein grausames Experiment vollzieht, und vergleiche sie mit den wollüstigen Symptomen und den mathematischen Symptomen. Solche Experimente wären genauso interessant und wichtig wie alle, die bis dato von den Vivisektoren unternommen wurden. Sie könnten eine neue Forschungsrichtung eröffnen, die am Ende beispielsweise Schuld oder Unschuld eines Angeklagten viel genauer feststellen würde als die sehr fehlerhaften Methoden unserer Gerichtshöfe. Aber statt eine solche Erforschung vorzuschlagen, warten unsere Vivisektoren uns mit all den frommen Protesten und mürrischen Gegenbeschuldigungen auf, die jeder gewöhnliche unwissenschaftliche Sterbliche hervorbringt, wenn man ihn eines unwürdigen Benehmens bezichtigt.

Routine

Dennoch würden wahrscheinlich die meisten Vivisektoren aus einer solchen Reihe von Experimenten siegreich hervorgehen, weil die Vivisektion jetzt zu einer Routine geworden ist, wie das Schlachten oder Hängen oder die Prügelstrafe; und viele, die sie ausüben, tun es nur deshalb, weil sie als ein Teil des Berufes, dem sie sich gewidmet haben, Gültigkeit erlangt hat. Weit davon entfernt, sich daran zu erfreuen, haben sie einfach nur ihren natürlichen Widerwillen überwunden und sind gleichgültig dagegen geworden, wie Menschen unvermeidlich gleichgültig gegen alles werden, was sie oft genug tun. Diese gefährliche Macht der Gewohnheit macht es so schwer, den gewöhnlichen Menschenverstand zu überzeugen, daß jede bestehende geschäftliche oder berufliche Gewohnheit ihre Wurzel zunächst in der Leidenschaft hat. Läßt man aber eine Routine aus der Leidenschaft entstehen, wird man bald Tausende von Leuten finden, die sie gewohnheitsmäßig und leidenschaftslos ausüben, nur um ihren Lebensunterhalt zu verdienen. – Auf dieselbe Weise begehen viele Menschen grausame und niederträchtige Dinge, ohne im geringsten grausam oder niederträchtig zu sein, nur weil die Routine, zu der sie erzogen wurden, blindlings grausam und niederträchtig ist. Die Behauptung, daß jeder Mann, der seine Kinder züchtigt, und jeder Schulmeister, der seinen Schüler prügelt, ein bewußter Wüstling sei, ist lächerlich: Tausende von stumpfsinnigen, gewissenlosen Leuten züchtigen gewissenhaft ihre Kinder, weil sie selbst gezüchtigt worden sind und weil sie glauben, daß Kinder gezüchtigt werden müssen. Die reizbare Erbärmlichkeit, die instinktiv auf etwas, das lästig ist, einschlägt und es verletzt (und alle Kinder sind lästig), und die einfältige Dummheit, die von einem Kind eine Vollkommenheit verlangt, die die weisesten und besten Erwachsenen nicht erreichen (vollkommene Wahrhaftigkeit und vollkommener Gehorsam werden nicht selten von einem Kind als die Bedingungen verlangt, unter welchem es der

Knute entgehen kann), veranlassen viele Menschen, Prügel auszuteilen, nicht etwa, weil es ihnen Vergnügen macht, sondern weil sie sich darüber ärgern, daß sie eine leidige Pflicht erfüllen müssen. Aber nichtsdestoweniger schlagen sie um so härter zu. –

Ebenso gehen Männer und Frauen, die die Vivisektion ausüben, empfindungslos vor – wie ein humaner Fleischhauer, der seinen Foxterrier anbetet, aber einem Kalb den Hals durchschneidet und es an den Beinen, den Kopf nach unten, aufhängt, damit es sich langsam zu Tode blute, weil es üblich ist, Kalbfleisch zu essen und zu verlangen, daß es weiß ist; oder wie ein deutscher Lieferant, der seine Gänse an ein Brett anbindet und überfüttert, weil elegante Leute Gänseleberpastete essen; oder wie die Walfischjäger in eine Kolonie von Seehunden einbrechen, sie mit Knüppeln erschlagen und einen Massenmord begehen, weil Damen Sealskinjacken lieben; oder wie gewisse Züchter Singvögeln mit heißen Nadeln die Augen ausstechen und Hunden und Pferden Ohren und Schweife verstümmeln. Man lasse Grausamkeit oder Güte oder irgend etwas anderes zur Gewohnheit werden, und es wird auch von Leuten, in deren Natur dergleichen durchaus nicht gelegen ist, ausgeübt werden. Die Lebensregel solcher Leute besteht lediglich darin, nur das zu tun, was alle anderen tun, weil sie ihre Stellung verlören und verhungern müßten, wenn sie sich auf irgendeine Abweichung von der Norm einließen. Auch ein ehrenhafter Mensch wird, weil es üblich ist, über die Eigenschaften des Artikels, von dessen Verkauf er lebt, täglich in Wort und Schrift lügen; er wird seinen Jungen prügeln, wenn er lügt, weil es üblich ist; er wird seinen Jungen auch prügeln, wenn dieser nicht lügt, falls der Junge ungelegene oder unehrerbietige Wahrheiten sagt, weil es üblich ist; er wird demselben Jungen aber auch zum Geburtstag ein Geschenk machen und ihm am Strand einen Spaten und eine Hacke kaufen, weil es üblich ist; und er wird die ganze Zeit weder besonders verlogen noch besonders grausam noch besonders großmütig, sondern ein-

47

fach zu jedem ethischen Urteil oder jeder unabhängigen Handlung unfähig sein.

Genauso gibt es eine Menge kleinlicher Vivisektionisten, die täglich Ungeheuerlichkeiten und Dummheiten begehen, weil derlei üblich ist. Die Vivisektion ist gewohnheitsmäßig ein Teil der Routine, womit an den Universitäten die medizinischen Vorlesungen vorbereitet werden. Es gibt zum Beispiel zwei Wege, um den Studenten die Tätigkeit des Herzens sichtbar zu machen. Die eine, eine barbarische, törichte und gedankenlose Methode, besteht darin, in das Herz eines Kaninchens kleine Fahnen zu stecken und den Studenten das Hüpfen der Fähnchen zu zeigen. Die andere, eine vornehme, geistvolle, gebildete und lehrreiche Methode besteht darin, einen Pulsmesser an das Handgelenk des Studenten zu legen und ihm die Aufzeichnung seiner eigenen Herztätigkeit zu zeigen mit Hilfe einer Nadel, die auf einem Stückchen rauchgeschwärzten Papiers eine Spur hinterläßt. Aber es ist üblich geworden, die Vorlesungen mit Hilfe von Kaninchen zu bestreiten, und niemand ist originell genug, um sich von der üblichen Schablone zu befreien. Dann gibt es Vorführungen, die man dadurch zustande bringt, daß man Frösche mit Messern zerlegt. Selbst der humanste Mensch kann, so widerlich es ihm zuerst auch sein mag, eine solche Operation nicht von Vorlesung zu Vorlesung monatelang ausführen, ohne schließlich – und zwar sehr bald – für den Frosch nicht mehr zu empfinden, als wenn er Papier zerschnitte. Solche schwerfälligen und faulen Lehrmethoden sind auf die Wohlfeilheit der Frösche und Kaninchen gegründet. Wenn Maschinen so wohlfeil wären wie Frösche, würde man die Ingenieure nicht nur die Anatomie der Maschine und ihrer Teile lehren, sondern es stünden ihnen auch Maschinen zur Verfügung, die vor ihren Augen mißbraucht und zerstört würden, so daß sie soviel wie möglich durch Anschauung lernen könnten und sowenig wie möglich durch den Gebrauch ihres Gehirns und ihrer Einbildungskraft. Wir besitzen also in einem Teil der Lehrroutine eine Routine der Vivisektion, die sehr bald eine

48

vollkommene Gleichgültigkeit zur Folge hat, selbst bei von Natur aus humanen Menschen. – Der echte Gewohnheitsmensch aber ist das Bollwerk der Praxis, weil man die öffentliche Wut zwar gegen einen Marquis de Sade, einen Blaubart oder einen Nero entfachen kann, doch keinerlei Antipathie gegen den langweiligen Herrn Smith aufbringt, der nur seine Pflicht erfüllt, das heißt tut, was üblich ist. Er ist so überzeugend, weder besser noch schlechter als irgendein anderer, daß es schwerfällt, sich vorzustellen, daß die Dinge, die er tut, abscheulich sind. Wenn man sehen will, wie der öffentliche Unmut plötzlich gegen einen Einzelmenschen anschwillt, muß man jemanden beobachten, der etwas tut, was nicht üblich ist, einerlei, wie vernünftig es auch sein mag. Der Name von Jonas Hanway lebt als der eines tapferen Mannes fort, weil er der erste war, der es gewagt hat, auf den Straßen dieser regnerischen Insel [England] mit einem Regenschirm zu erscheinen.

Die alte Grenze zwischen Mensch und Tier

Aber es gibt noch eine Unterscheidung, an die sich jene klammern, die es nicht wagen, sich selbst die Wahrheit über das medizinische Gewerbe einzugestehen, weil sie davon so hilflos abhängig sind, wenn der Tod ihr Heim bedroht. Diese Unterscheidung ist die Grenze, die nach der alten Einteilung das wilde Tier vom Menschen trennt. Gut, sagen diese Leute, wir sind vielleicht alle grausam, aber der Jäger zahmer Hirsche jagt doch keinen Menschen, und der Sportsmann, der eine Koppel Windspiele auf einen Hasen losläßt, wäre bei dem Gedanken entsetzt, sie auf ein Kind zu hetzen. Die Dame, die ihren Mantel durch das Quälen eines Zobels erhält, würde niemals einen Neger quälen, noch käme es ihr je in den Sinn, ihr Kalbskotelett lieber durch ein Stück zartes Kinderfleisch zu ersetzen.

Es gab einmal eine Zeit, da man in diese Abgrenzung einiges

49

Vertrauen setzen konnte. Die römisch-katholische Kirche behauptet noch immer mit einer Hartnäckigkeit, die dumm zu nennen sie mir erlauben muß, und trotz des heiligen Franziskus und des heiligen Antonius, die Tiere hätten keine Seelen und keine Rechte, so daß ein Mensch sich weder gegen ein Tier noch gegen Gott durch irgend etwas, das er mutwillig einem Tier antut, versündigen könne. Ich widerstehe der Versuchung, mich darüber auszulassen, ob man nicht gegen seine eigene Seele sündigt, wenn man gegen die geringsten derer grausam ist, die der heilige Franziskus seine kleinen Brüder nannte. – Man wird einsehen, daß es Zeitvergeudung wäre, sich noch weiter damit zu beschäftigen. Eigentlich erkennt der Mann, der dem Vivisektor einmal das Recht zuspricht, den Hund jenseits der Gesetze von Ehre und Kameradschaft zu stellen, ihm auch das Recht zu, den Menschen jenseits dieser Gesetze zu stellen, denn der Mensch ist für den Vivisektor nichts anderes als ein höher entwickeltes und infolgedessen interessanteres Versuchskaninchen und Wirbeltier als der Hund.

Die Vivisektion am Menschen

Ich habe einen im Druck veröffentlichten Bericht eines Arztes in Händen, in welchem er darstellt, wie er sein Heilmittel gegen Lungentuberkulose probierte, nämlich durch das Einspritzen eines kräftigen Keimtöters direkt in den Blutkreislauf, wobei er mit einer Injektionsnadel in eine Ader stach. Er gehörte zu den Ärzten, die imstande sind, die allgemeine Sympathie zu gewinnen, weil sie ganz ehrlich sagen, daß sie ein Experiment von dem Augenblick an sich selbst versuchten, wo sie herausfanden, daß die vorgeschlagene Behandlung gefährlich sei. In diesem Falle war der Arzt seinem Beruf so sehr ergeben, daß er seine Experimente bis zu dem Punkt ausführte, wo er sich einer ernstlichen Gefahr unterwarf und tatsächlich sehr in Schwierigkeiten kam. Aber er begann zunächst nicht mit sich selbst. Seinen ersten Versuch machte er an zwei Kranken im Krankenhaus. Als er vom Krankenhaus die Mitteilung erhielt, daß diese zwei Märtyrer der therapeutischen Wissenschaft unter krampfhaften Zukkungen beinahe verschieden seien, versuchte er das Mittel alsbald an einem Kaninchen, das sofort tot umfiel. Erst dann begann er an sich selbst zu experimentieren und veränderte den Keimtöter in der Richtung, in die jene Versuche an den zwei Patienten und an dem Kaninchen hingewiesen hatten. Da eine große Anzahl Leute die Vivisektion nur begünstigen, weil sie fürchten, daß die Versuche, wenn nicht an Kaninchen, dann an ihnen selbst angestellt würden, ist es der Mühe wert, zu erwähnen, daß in diesem Fall, wo sowohl Kaninchen als auch Menschen zur Verfügung standen, mit den Menschen der Anfang gemacht wurde, weil diese natürlich bei weitem lehrreicher waren und nichts kosteten. Wenn man erst einmal die atheistische Lehre der Vivisektionisten gelten läßt, genehmigt man nicht nur solche Experimente, sondern macht sie sogar zur ersten Pflicht des Vivisektors. Wenn ein Meerschweinchen um der Kleinigkeit willen, die man daraus lernen kann, geopfert werden darf, warum sollte ein Mensch nicht um der Menge willen, die man von ihm lernen kann, geopfert werden? Jedenfalls *wird* er geopfert, wie der oben erwähnte typische Fall zeigt. Ich kann (obgleich es nichts mit meiner Beweisführung zu tun hat) hinzufügen, daß der Arzt, die Patienten und die Kaninchen alle vergeblich gelitten haben, sofern man damit die Befreiung des Menschengeschlechts von der Lungenschwindsucht erhoffte.

Die Lüge ist eine europäische Macht

Zur selben Zeit nun, da die Abhandlungen, welche enggedruckt jene Experimente schilderten, von Hand zu Hand gingen und von den Ärzten eifrig besprochen wurden, ist ebenso laut wie entrüstet geleugnet worden, daß an Patienten überhaupt experimentiert worden sei, obwohl ein paar intelligente Ärzte ganz richtig darauf hinwiesen, daß alle Behandlungen Experimente an Patienten seien. Und das führt uns die einleuchtenden, aber meistens übersehenen Schwächen in den Behauptungen des Vivisektors vor Augen: daß er nämlich unvermeidlich jedes Anspruches darauf, daß man seinem Wort Glauben schenke, verlustig geht. Es ist kaum zu erwarten, daß ein Mensch, der nicht zögert, für das Heil der Wissenschaft zu vivisezieren, nachher zögern wird, darüber zu lügen, wenn er die Wissenschaft vor dem, was er die unwissende Sentimentalität der Laienwelt nennt, schützen will. – Er tritt dann hervor und versichert dem Publikum bei seiner Ehre, daß alle Experimente an Tieren vollkommen schmerzlos seien, obgleich er wissen *muß*, daß gerade die Experimente, die wegen ihrer Grausamkeit die antivivisektionistische Bewegung hervorgerufen haben, Experimente waren, welche die physiologische Wirkung äußerster Schmerzen feststellen sollten (die bei weitem interessantere Physiologie der angenehmen Empfindungen bleibt unerforscht), und daß alle Experimente, in denen die Sinnesempfindung eine Rolle spielt, durch die Unterdrückung des Schmerzes nutzlos gemacht werden. Übrigens mag die Vivisektion selbst manchmal trotz der Grausamkeit der Experimente wirklich schmerzlos sein. Wenn mich ein Mensch mit einem vergifteten Dolch so sanft ritzt, daß ich den Ritzer nicht spüre, hat er eine schmerzlose Vivisektion ausgeführt; wenn ich aber bald darauf unter Qualen sterbe, werde ich wahrscheinlich nicht der Ansicht sein, daß seine Menschenfeindlichkeit durch seine Sanftmut vollkommen aufgewogen wird. Der Biß einer Kobra schmerzt so wenig, daß dieses Geschöpf im Sinne des Gesetzes beinahe ein Vivisektor ist, der keinen Schmerz verursacht. Wenn sie ihren Opfern vor dem Biß noch Chloroform gäbe, könnte sie sich mit dem Gesetz vollkommen in Einklang bringen.

Hier befinden wir uns nun in einer schönen Klemme. Die öffentliche Unterstützung der Vivisektion gründet sich nämlich beinahe ausschließlich auf die Versicherung der Vivisektoren, daß von der Ausübung ihrer Methode große öffentliche Wohltaten zu erwarten seien.

Eine Schlußfolgerung, die jedes Verbrechen verteidigen würde

Die Achillesferse der Vivisektion ist aber gar nicht im Schmerz zu finden, den sie verursacht, sondern in der Beweisführung, durch welche der Schmerz gerechtfertigt wird. Der medizinische Kodex ist in dieser Hinsicht einfach verbrecherischer Anarchismus schlimmster Sorte. In der Tat hat bis jetzt noch kein Verbrecher die Frechheit gehabt, die Schlüsse zu ziehen, die jeder Vivisektor zieht. Kein Einbrecher behauptet: da es zugegebenermaßen wichtig ist, Geld ausgeben zu können, und da der Zweck des Einbruchs darin besteht, den Einbrecher in den Stand zu setzen, Geld ausgeben zu können, und da er in vielen Fällen diesen Zweck erreicht, sei der Einbrecher als öffentlicher Wohltäter zu betrachten, während die Polizei aus unwissenden Sentimentalisten bestehe. – Jeder Vivisektor ist ein Deserteur aus dem Heer der ehrenhaften Forscher, nur sieht er das nicht ein. Er nennt seine Methode nicht nur wissenschaftlich, er behauptet sogar, daß es keine anderen wissenschaftlichen Methoden gäbe. Wenn man dem natürlichen Widerwillen gegen seine Grausamkeit und der natürlichen Verachtung für seine Dummheit Ausdruck gibt, bildet er sich ein, daß man die Wissenschaft angreife. Und doch hat er keine Ahnung von der Methode und der Natur der Wissenschaft. Die Streitfrage ist einfach die, ob er ein Schuft ist oder nicht.
Es sind schon viele Wege zum Wissen entdeckt worden, und kein erleuchteter Mensch zweifelt, daß es noch viele weitere gibt, die darauf warten, entdeckt zu werden. In der Tat führen alle Wege zum Wissen, weil selbst die gemeinste und dümmste Handlung uns etwas über Gemeinheit und Dummheit lehrt und womöglich noch sehr viel mehr zu lehren vermag. Zum

Beispiel lernt ein Halsabschneider (vielleicht lehrt er auch) etwas über die Anatomie der Hauptschlagader und der Gurgel. Und das Erdbeben von San Franzisko erwies sich als ein unschätzbares Experiment. Zur Erprobung der Festigkeit von Riesenstahlgebäuden hat das Rammen und Versenken des Victoriaschiffes durch das Schiff Camperdown zweifellos Anhaltspunkte von größter Wichtigkeit für die Seekriegführung geliefert. Der vivisektionistischen Logik gemäß wären unsere Baumeister berechtigt, künstliche Erdbeben mit Dynamit hervorzurufen, und unsere Admiräle, bei Seemanövern Katastrophen zu verursachen, um auf diese Weise zufällig gemachte Entdeckungen fortzusetzen.

Wenn die Erwerbung von Wissen jede Handlung rechtfertigt, dann rechtfertigt sie eben jede: von der Beleuchtung der Feste Neros durch die Verbrennung lebender Menschen (auch ein interessantes Experiment) bis zur einfachsten Tat der Güte. Und im Licht dieser Wahrheit ist es klar, daß die Befreiung des Wissensdurstes von den Gesetzen der Ehre die denkbar gräßlichste Verbreitung der Anarchie bedeutet. – Ein neugieriger Teufel kann das ganze Menschengeschlecht unter Qualen zerstören, wenn er durch ein äußerst interessantes Experiment Wissen erwerben möchte. – Die Wege zum Wissen sind zahllos. Einer dieser Wege geht durch Dunkelheit, Geheimnis und Grausamkeit. Wenn jemand freiwillig allen anderen Wegen den Rücken kehrt und diesen einen wandelt, ist die Annahme wissenschaftlich, daß nicht das Wissen es ist, das ihn anzieht, sondern die Grausamkeit. Wenn die gegen ihn erhobene Anklage wissenschaftlich so auf der Hand liegt, ist es kindisch von ihm, auf seine Ehre und seinen guten Namen, auf seinen hohen Charakter und das Vertrauen in seinen edlen Berufsstand und so weiter zu pochen. Er muß sich entweder mit Vernunftgründen oder mit einem Experiment reinigen, falls er nicht etwa kühn behauptet, daß die Evolution eine Leidenschaft für Grausamkeit im Menschen zurückgelassen habe, eben weil diese zur Vervollkommnung des menschlichen Wissens unentbehrlich sei.

54

Du bist gemeint

Es würde mich durchaus nicht überraschen, wenn das, was ich bisher geschrieben habe, bei systematischen Lesern eine Aufwallung tugendhafter Entrüstung auf Kosten des ärztlichen Berufes hervorrufen würde. Ich werde ein so anständiges und heilsames Gefühl nicht abschwächen, aber ich muß darauf hinweisen, daß wir alle am Übel mitschuldig sind. Der Arzt viviseziert oder verteidigt die Vivisektion nicht in seiner Eigenschaft als Heilkünstler und als Mann der Wissenschaft, sondern in seiner Eigenschaft als gewöhnlicher Mensch. Er ist aus demselben Lehm gemacht wie die unwissenden, engherzigen, leichtgläubigen, teilweise schlecht erzogenen, um ihr Einkommen besorgten Menschen, die ihn zu sich rufen, wenn sie vergeblich jede Medizinflasche und jede Pille ausprobiert haben, zu deren Kauf sie der Apotheker durch seine Lobsprüche überreden konnte. Das wirkliche Heilmittel gegen die Vivisektion ist das Heilmittel für alles Unheil, das der ärztliche Beruf und alle anderen Berufe anrichten, nämlich: größere Aufklärung. – Wie vollkommen und bedenkenlos die Unwissenheit aber ist, das können nur die ermessen, die von der Lebensstatistik und von den Illusionen, die sich um die öffentliche Gesundheitsgesetzgebung ranken, einige Kenntnisse besitzen.

Was das Volk haben möchte und nicht bekommen wird

Die Wünsche des armen Volkes sind nicht vernünftig, aber sie sind ganz einfach. Es fürchtet die Krankheit; es will dagegen geschützt werden, aber es ist arm und will das auf wohlfeile Weise. Wissenschaftliche Maßregeln sind zu schwer zu begreifen, zu kostspielig, führen zu offensichtlich zu einer Erhöhung der Steuern und zur öffentlichen Einmischung in die ungesunden, weil ungenügend finanzierten Zustände des Privathauses. Was das Volk daher möchte, ist ein wohlfeiles Zaubermittel, das alle Krankheiten fernhält, und eine wohlfeile Pille oder Mischung, die Heilung bringt. Und es zwingt solche Zaubermittel sogar den Ärzten auf.

Die Impfmanie

So war es denn tatsächlich das Volk und nicht das medizinische Gewerbe, das mit unverrückbarer Gläubigkeit die Impfung aufnahm. – Die gröbsten Lügen und der gröbste Aberglaube, welche die Impfsucht entehrt haben, wurden den Ärzten von der Öffentlichkeit beigebracht. – Daß Ärzte von solchen Irrtümern angesteckt wurden und in ihrer nicht berufsmäßigen Eigenschaft als Mitglieder der Gesellschaft ihnen wie andere Menschen unterworfen sind, ist wahr. Wenn wir aber entscheiden sollten, ob die Impfung zuerst der Öffentlichkeit durch die Ärzte oder den Ärzten durch die Öffentlichkeit aufgezwungen worden sei, müßten wir das Volk zur Verantwortung ziehen.

Statistische Irrtümer

Die öffentliche Unkenntnis der Gesetze, welche die Statistik beherrschen, kann man kaum übertreiben. Wenn eine Krankheit so beschaffen ist, daß sie normalerweise fünfzehn Prozent der Bevölkerung ergreift, und der Erfolg einer Prophylaxis tatsächlich darin besteht, den Anteil auf zwanzig Prozent zu erhöhen, so wird die Veröffentlichung dieser Zahl von zwanzig Prozent das Publikum überzeugen, daß die Prophylaxis den Prozentsatz um achtzig Prozent vermindert hat, anstatt ihn um fünf zu erhöhen. Die Allgemeinheit, sich selbst und den alten Herren überlassen, die immer bereit sind, sich bei jeder möglichen Gelegenheit zu erinnern, daß die Dinge einmal viel schlimmer waren, als sie es jetzt sind (solche alte

Herren übertreffen an Zahl bei weitem die laudatores temporis acti), nimmt dann an, daß der frühere Prozentsatz ungefähr hundert war. So verdankte zum Beispiel die Pasteur-Behandlung der Tollwut ihren großen Ruf dem Volksglauben, daß jeder von einem tollen Hund gebissene Mensch notwendigerweise die Tollwut bekäme. – Für das Publikum war jeder Pasteur-Patient, der nicht starb, durch die Wohltat jenes allervertrauenswürdigsten Zauberers, des Mannes der Wissenschaft, wie durch ein Wunder vor einem schmerzlichen Tode gerettet worden.

Selbst geübte Statistiker können oft nicht einsehen, wie sehr die Statistik durch die ungerechtfertigten Thesen ihrer Ausleger verfälscht wird. Ihre Aufmerksamkeit wird zu sehr von den roheren Kniffen derjenigen in Anspruch genommen, die einen geradezu unredlichen Gebrauch von der Statistik zum Zwecke der Reklame machen. Da ist beispielsweise der Prozentsatzschwindel. In irgendeinem Dörfchen, kaum groß genug, um einen Namen zu haben, erkranken zwei Menschen während einer Blatternepidemie. Der eine stirbt, der andere erholt sich. Einer hat Impfnarben, der andere hat keine. Unverzüglich veröffentlichen entweder die Impffreunde oder die Impfgegner die siegesfreudige Nachricht, daß an dem und dem Ort nicht eine einzige geimpfte Person an Blattern gestorben sei, während hundert Prozent der nichtgeimpften elend zugrunde gingen, oder im entgegengesetzten Fall, daß hundert Prozent der nichtgeimpften genasen, während die geimpften bis auf den letzten Mann gestorben seien. Oder um ein anderes gewöhnliches Beispiel anzuführen: Vergleiche zwischen zwei verschiedenen sozialen Klassen mit verschiedenen Nahrungs- und Erziehungsweisen werden als die Ergebnisse gewisser medizinischer Behandlungen oder ihrer Vernachlässigung aufgetischt. Es ist auf diese Art leicht zu beweisen, daß das Tragen von Zylindern und Regenschirmen die Brust erweitere, das Leben verlängere und einen relativen Schutz gegen Krankheit gewähre, denn die Statistik zeigt, daß die Klassen, welche diese Dinge gebrauchen, größer und gesünder sind und länger leben als die Klassen, die sich den Besitz solcher Dinge niemals träumen lassen. Es gehört nicht viel Scharfsinn dazu, einzusehen, daß den wirklichen Unterschied nicht der hohe Hut und der Schirm ausmachen, sondern der Reichtum und die Nahrung, von dem jene bloß äußerlich Zeugnis ablegen, und daß man auf dieselbe Art beweisen könnte, daß eine goldene Uhr oder die Mitgliedschaft eines Klubs in Pall Mall die gleichen vortrefflichen Folgen hatten. Ein Doktortitel, ein tägliches Bad, der Besitz von dreißig Paar Hosen, die Kenntnis der Wagnerschen Musik, ein Platz in der Kirche, kurz alles, was auf mehr Geld und bessere Nahrung schließen läßt, als es die Masse der Arbeiter sich verschaffen kann, all dies kann statistisch als ein Zaubermittel angeführt werden, dem vielerlei Arten von Vorrechten zu verdanken sind.

Dieses Wahnbild wird im Falle einer Prophylaxis, die das Gesetz vorschreibt, auf groteske Weise verschärft, weil nur Landstreicher solchen Vorschriften entgehen können. Nun haben Landstreicher wenig Kraft, irgendeiner Krankheit zu widerstehen: ihre Krankheits- und ihre Sterblichkeitsziffer ist im Vergleich zu der angesehener Menschen überhaupt immer hoch. Nichts ist daher leichter zu beweisen, als daß die Ausführung irgendeiner vom Gesetz angeordneten Vorbeugungsmaßregel die befriedigendsten Ergebnisse zur Folge habe.

Die Zivilisation wird um ihre Errungenschaften gebracht

Es gibt noch einen weiteren Weg, auf dem ganz wertlose Heilmittel entweder direkt oder nebenbei durch die Statistik zu hohem Ansehen gebracht werden können. Die Zivilisation hat seit einem Jahrhundert mit den Zuständen aufgeräumt, die ein bakteriologisches Fieber begünstigen. Der früher stark verbreitete Typhus ist verschwunden, die Pest und die Cholera wurden durch eine Sperre der Gesundheitsbehörde von unseren Grenzen zurückgehalten. Wir haben aber noch immer Epidemien von Blattern und typhusartigen Krankheiten; und Diphtherie und Scharlachfieber sind in den Slums geradezu zu Hause. Die in meiner Kindheit als nicht gefährliche Krankheit betrachteten Masern verlaufen jetzt so oft tödlich, daß öffentliche Ankündigungen die Eltern auffordern, sie ernst zu nehmen. Aber selbst in diesen Fällen hat der Widerspruch zwischen den Todes- und den Genesungsziffern in reichen bzw. armen Vierteln die Experten zu der allgemeinen Überzeugung gebracht, daß man bakteriologische Krankheiten verhüten kann; und sie werden schon in sehr vielen Fällen verhütet. Die Gefahren der Ansteckung und die Mittel dagegen werden jetzt besser verstanden als früher. – Die Furcht vor Ansteckung, die selbst die Ärzte eine Sprache führen läßt, als ob das einzige wissenschaftliche Mittel gegen Fieber darin bestünde, daß man den Kranken in die nächste Gosse wirft und aus einer sicheren Entfernung Karbolsäure auf ihn pumpt, bis er bereit ist, dortselbst als Leiche verbrannt zu werden, hat allgemein zu viel größerer Vorsicht und Reinlichkeit geführt. Und das Endergebnis ist eine Reihe von Siegen über die Krankheit gewesen.

Wir wollen nun annehmen, jemand hätte zu Beginn des neunzehnten Jahrhunderts die Theorie aufgestellt, daß typhöses Fieber immer in der Spitze des kleinen Fingers beginne und daß es verschwinden müsse, wenn diese Spitze sofort nach der Geburt amputiert würde. Wäre ein solcher Vorschlag angenommen worden, so hätte sich die Theorie mit Triumph bestätigen lassen, denn das typhöse Fieber hat ja tatsächlich aufgehört. Andererseits haben Krebs und Wahnsinn der Statistik zufolge in erschreckendem Maße zugenommen. Die Gegner der Kleinfingertheorie würden daher ziemlich sicher behaupten, daß die Amputationen Krebs und Wahnsinn zur Folge gehabt hätten. Der Impfstreit ist voll von solchen Behauptungen, desgleichen der Streit über das Stutzen von Pferdeschwänzen und Hundeohren wie auch der weniger bekannte Streit über die Beschneidung und die Behauptung der

59

Juden, daß gewisse Arten von Fleisch unrein seien. Um irgendein Mittel oder irgendeine Operation durchzusetzen, braucht man nur alle großen Fortschritte der Zivilisation kühn herauszugreifen und die Operation bzw. das Mittel so zu bezeichnen, als ob sie oder es in demselben Verhältnis zu diesen Fortschritten stünde wie die Ursache zur Wirkung. Das Publikum wird ohne Mundverziehen den Trugschluß schlucken. Es hat keine Ahnung, wie notwendig es ist, ein sogenanntes Kontrollexperiment vorzunehmen. Zu Shakespeares Zeiten und lange nachher war Mumiensaft ein beliebtes Medikament. Man trank eine Prise vom Staub eines toten Ägypters, aufgelöst in heißem Wasser (so heiß man es nur trinken konnte), und es hatte eine ausgezeichnete Wirkung. Dies, glaubte man, beweise, was für ein unübertreffliches Heilmittel der Mumiensaft sei. Aber wenn man das Kontrollexperiment versucht hätte, heißes Wasser ohne Mumiensaft zu trinken, hätte man genau dieselbe Wirkung herausgefunden und erkannt, daß jedes heiße Getränk eine ebensogute Wirkung hat.

Für den Patienten zurechtgemachte Therapeutik

Die Ärzte sind all diesen Mißgriffen und all dieser Unwissenheit nicht weniger ausgesetzt als wir anderen. Sie kennen sich in der Benutzung des Beweismaterials oder der Psychologie der menschlichen Leichtgläubigkeit oder in den Auswirkungen ökonomischer Pressionen nicht aus. Im großen und ganzen müssen auch sie glauben, was ihre Patienten glauben, genauso, wie sie die Art Hut tragen, die ihre Patienten tragen. Der Arzt mag dem Patienten ganz despotisch Vorschriften machen in Fragen, über die der Patient keine Meinung hat, aber wenn der Patient ein Vorurteil hat, muß der Arzt es entweder unterstützen, oder er wird seinen Patienten verlieren. Wenn die Leute davon überzeugt sind, daß die Nachtluft gesundheitsgefährlich sei und die frische Luft Erkältungen zur Folge habe, wird es dem Arzt, der Ventilation vorschreibt, nicht möglich sein, seinen Lebensunterhalt durch eine Privatpraxis zu verdienen. Wir brauchen nicht weiter als bis zu den Tagen der Pickwickier zurückzugehen, um uns in einer Welt zu finden, in der die Menschen mit ängstlich von allen Seiten herabgelassenen Vorhängen in Himmelbetten schliefen, um die Luft soviel wie möglich abzuhalten. Wenn der Arzt des Herrn Pickwick ihm gesagt hätte, daß er viel gesünder wäre, wenn er in einem Feldbett bei offenem Fenster schliefe, würde Herr Pickwick ihn als einen grillenhaften Menschen betrachtet und einen anderen Arzt gerufen haben. Wenn er noch weiter gegangen wäre und Herr Pickwick, falls ihn fröstelte, Alkohol mit Wasser verboten und ihm versichert hätte, daß die jahrelange Enthaltsamkeit von Fleisch oder Salz nicht nur nicht den Tod zur Folge hätte, sondern ihm keineswegs schaden könnte, würde Herr Pickwick seine Gegenwart wie die eines gefährlichen Narren gemieden haben.

In diesen Punkten kann der Arzt den Patienten auch nicht täuschen. Wenn der Arzt nicht an Arzneien und die Impfung, der Patient aber sehr wohl daran glaubt, kann der Arzt seinen Patienten mit gefärbtem Wasser täuschen und die Lanzette durch eine Spiritusflamme ziehen, ehe er ihm den Arm aufritzt, aber die täglichen Gewohnheiten seines Patienten kann er ohne dessen Wissen nicht verändern.

Auch die Reformen rühren von der Laienwelt her

Im allgemeinen lernt der Arzt also erkennen, daß er ein ruinierter Mann ist, falls er sich seinen abergläubischen Patienten überlegen zeigt. Infolgedessen trachtet er instinktiv danach, sie an Aufklärung nicht zu übertreffen. Das ist der Grund, warum jede Veränderung von den Laien herrührt. Erst mußte eine Agitation jahrelang durch Laien (Quacksalber und Phantasten aller Art inbegriffen) betrieben werden, ehe die Allgemeinheit bewogen wurde, es den Ärzten überhaupt zu ermöglichen, die Lehren bezüglich der frischen Luft, des kalten Wassers, der Mäßigkeit und aller übrigen neuen Moden der Hygiene anzunehmen und zu verbreiten. Gegenwärtig hat sich das Blatt hinsichtlich einer Menge alter Vorurteile gewendet. Viele unserer beliebtesten älteren Ärzte halten kalte Sitzbäder des Morgens für unnatürlich, ermüdend und rheumatismusfördernd. Die frische Luft halten sie für eine Modeerscheinung und glauben, daß jeder sich bei einem oder zwei Glas Portwein täglich wohler fühlen würde, aber ehe sie genau wissen, mit wem sie sprechen, wagen sie nicht mehr, dies offen zu bekennen. Einige der bei Ärzten besonders beliebten Patienten in Landhäusern huldigen seit kurzem der Gewohnheit, es als ihre erste Pflicht zu betrachten, um sechs Uhr früh aufzustehen und sofort durch das betaute Gras barfuß spazierenzugehen. Der Arzt, der den leisesten Zweifel an dieser Gewohnheit äußert, wird sofort verdächtigt, »ein altmodischer Arzt« zu sein, und es wird ihm nahegelegt, einem jüngeren Mann Platz zu machen.

Kurz, die medizinische Privatpraxis wird nicht von der Wissenschaft, sondern von Angebot und Nachfrage dirigiert, und wie wissenschaftlich eine Behandlungsweise auch sein mag, sie kann ihren Platz auf dem Markt nicht behaupten, wenn keine Nachfrage vorliegt, noch kann die gröbste Quacksalberei dem Markt ferngehalten werden, wenn eine Nachfrage besteht.

Moden und Epidemien

Eine Nachfrage kann allerdings auch geschaffen werden. Moderne Kaufleute verstehen das sehr gründlich; sie können Kunden ohne Schwierigkeit überreden, noch nicht abgenutzte Artikel durch neue zu ersetzen und Dinge zu kaufen, die sie gar nicht brauchen. Da wir aus den Ärzten Kaufleute machen, zwingen wir sie, diese Handelskniffe zu erlernen. Infolgedessen sehen wir, daß die jeweilige Jahresmode Be-

handlungen, Operationen und bestimmte Arzneien genauso
wie bestimmte Hüte, Ärmel, Balladen und Theaterstücke
verlangt. Gaumenmandeln, Wurmfortsatz, Blinddarm, Ra-
chenmandeln, selbst Eierstöcke werden geopfert, weil es modern ist, sie sich herausschneiden zu lassen, und weil die
Operationen außerordentlich gewinnbringend sind. Die Psychologie der Mode wird dadurch zu einer Pathologie, denn
die Fälle machen den Eindruck der Echtheit: Moden sind
eigentlich überhaupt nur eingeführte Epidemien.

Die Tugenden der Ärzte

Man wird zugeben, daß dies ziemlich schlechte Verhältnisse
sind. Der melodramatische Instinkt des Publikums aber verlangt, daß es nicht für alles Schlechte ein Heilmittel gebe,
sondern daß ein Schurke auch ausgezischt werde; es wird
folglich nicht seine eigene Teilnahmslosigkeit, seinen eigenen
Aberglauben und seine eigene Unwissenheit, sondern die Ver-
worfenheit der Ärzte tadeln. Nichts jedoch könnte ungerech-
ter oder verhängnisvoller sein. Die Ärzte sind, wenn schon
nicht besser als andere Menschen, so doch sicher nicht
schlimmer. Man hat mir während der Aufführungen von *Des
Doktors Dilemma* am Court Theatre im Jahre 1907 Vorwürfe gemacht, ich hätte den Künstler als einen Schurken,
den Journalisten als einen ungebildeten, unfähigen Menschen
und alle Ärzte als »Engel« geschildert. Aber ich hatte die
Grenzen meiner eigenen Erfahrung gar nicht überschritten.
Ich hatte fast vierzig Jahre hindurch das Glück, Ärzte zu
meinen Freunden zu zählen, die alle wissen, wie frei ich bin
von dem üblichen Glauben an die wunderbare Macht und
Wissenschaft, die man ihnen zuschreibt. Und obgleich ich
weiß, daß es bei den Ärzten genausogut Schurken gibt wie bei
den Soldaten, den Juristen und den Theologen (man entdeckt
das bald, wenn man den Vorzug genießt, Ärzte untereinander
fachsimpeln zu hören), hat mir der Umstand, daß ich ohne

einen Penny in der Tasche den privatärztlichen Rat und Beistand ebensowenig entbehren mußte wie später, als ich mir die höchsten Ärztehonorare leisten konnte, es unmöglich gemacht, jene Feindseligkeit gegen den Arzt als Menschen zu teilen, die als unvermeidliches Resultat des augenblicklichen Zustands der ärztlichen Praxis nun einmal besteht und noch zunimmt. Trotzdem ist das Interesse an Krankheiten und Verirrungen, das manche Männer und Frauen der Medizin und Chirurgie in die Arme treibt, zuweilen ebenso morbid wie das Interesse für Elend und Laster, das andere der Philanthropie und der »Errettung von Sünden« zutreibt. Der wahre Arzt ist von Abscheu gegen Krankheit und einer intuitiven Ungeduld gegen jede Verschwendung der Lebenskräfte erfüllt. Wenn ein Mensch der Medizin oder Chirurgie nicht durch ein sehr ungewöhnliches technisches Geschick in die Arme geführt wird oder weil die Ausübung der ärztlichen Wissenschaft Familientradition ist, oder weil er sie ahnungslos für einen einträglichen und vornehmen Beruf hält, so sind seine Motive bei der Wahl der Laufbahn eines Heilkünstlers offenkundig großmütiger Art. Wie sehr die tatsächliche Praxis ihn auch enttäuschen und verderben mag, seine Wahl ist anfangs nicht die Wahl, die ein niedriger Charakter trifft.

Die neuesten Theorien

Medizinische Theorien sind so sehr Modesache, und die fruchtbarsten darunter werden durch internationale Tätigkeiten wie medizinische Praxis und biologische Forschung so rasch verändert, daß mein Stück *Des Doktors Dilemma*, welches den Vorwand zu dieser Einleitung bildet, schon ein wenig veraltet ist. Trotzdem glaube ich, daß es als verläßliche Aufzeichnung der Modetheorien im Jahre 1906, in welchem es begonnen wurde, gelten kann. Ich darf keinen Berufsmenschen dadurch dem Ruin aussetzen, daß ich seinen Namen mit der vollkommenen Freiheit der Kritik, die ich als Laie genieße, in Zusammenhang bringe. Aber es wird allen Kennern klar sein, daß mein Stück nicht ohne die Arbeit hätte geschrieben werden können, die Sir Almroth Wright in der Theorie und in der Praxis geleistet hat. Er hat die Immunisierung gegen bakterielle Infektionskrankheiten vorgenommen – durch Impfung mit Stoffen, die aus den Bakterien selbst erzeugt wurden. – Ehe Sir Almroth Wright in Ergänzung einer von Metschnikoffs äußerst anregenden biologischen Fiktionen entdeckt hatte, daß die weißen Blutkörperchen oder Phagozyten, welche die Krankheitskeime für uns angreifen und verzehren, ihr Werk nur dann vollbringen können, wenn wir die Krankheitskeime für sie appetitlich mit einer natürlichen Sauce begießen (Sir Almroth nannte sie Opsonin), und daß unsere Erzeugung dieser Würze in rhythmischem Ablauf von der Vernachlässigung bis zur höchsten Wirksamkeit fortwährend steigt und fällt, war niemand imstande, auch nur Mutmaßungen darüber anzustellen, warum die verschiedenen Serumarten, die von Zeit zu Zeit wegen ihres Rufes, wunderbare Heilungen bewirkt zu haben, eingeführt wurden, bald eine so schreckliche Verheerung bei dem einem oder anderen unglücklichen Patienten anrichteten, daß man sie sehr rasch fallen lassen mußte. – Die Siutation wurde gerettet, als Sir Almroth Wright folgendes auseinandersetzte: Wenn man einen Patienten mit pathogenen Keimen in einem Augenblick impft, wo seine Kräfte einen zu niedrigen Punkt erreicht haben, um diese Keime noch als Speisen für die Phagozyten zu verkochen, verschlechtert man sein Befinden sicherlich wesentlich und tötet ihn vielleicht. Gibt man aber genau dieselbe Einspritzung, während die Kochkraft sich zu einem ihrer periodischen Höhepunkte erhebt, so steigert sich diese Kraft zu noch weiterer Betätigung, und man erreicht genau das entgegengesetzte Ergebnis. Und er erfand eine Technik, um festzustellen, in welcher Phase sich der Patient zum jeweils gegebenen Augenblick befindet. In meinem Drama findet sich die dramatische Verwertung dieser Entdeckung und Erfindung. Aber eine Technik erfinden, ist ganz etwas anderes, als den ärztlichen Beruf zu ihrer Annahme überreden. Unsere gewöhnlichen praktischen Ärzte lehnten, wie man mir sagt, die Technik einfach ab, da sie meistens nicht die Mittel hatten, sie zu erwerben, oder es fehlten im Falle der Erwerbung die Mittel zu ihrer Ausübung. Etwas Einfaches, Wohlfeiles und zu jeder Zeit für alle Leute Vorhandenes ist nun mal das einzige, was in der allgemeinen Praxis wirtschaftlich möglich ist, egal, was im berühmten Labor von Sir Almroth im St. Maryspital auch vorgehen mag. Es wäre nötig geworden, das Opsonin in den medizinischen Zeitungen als eine Phantasterei und Sir Almroth als einen gefährlichen Mann anzuklagen, wenn seine Laborpraxis ihn nicht zu dem Schluß geführt hätte, daß die gewöhnlichen Impfungen viel zu stark sind und daß eine verhältnismäßig kleinere Dosis eine negative Phase der Kochkraft nicht gefährlich steigert, sondern vielmehr deren positive Phase hervorrufen kann. Und so kommt es, daß die Weigerung unserer praktischen Ärzte, die neue Technik aufzunehmen, in Wirklichkeit nicht mehr ganz so gefährlich ist, wie sie es war, als *Des Doktors Dilemma* geschrieben wurde.

Aber nun bitte ich zu beachten, wie das Rad der Zeit seine Rache mit sich rollt. Jene neueste Entdeckung der Heilkraft eines sehr dünnen Haares von dem Hund, der einen gebissen hat, erinnert uns nicht nur an Arndts Gesetz der protoplasmischen Gegenwirkung auf Reizmittel (Anregungsmittel), demgemäß schwache und starke Anregungsmittel entgegengesetzte Wirkungen hervorrufen, sondern auch an Hahnemanns Homöopathie, die sich auf die von Hahnemann behauptete Tatsache gründete, daß Mittel, die gewisse Symptome protoplasmischer Gegenwirkung hervorrufen, wenn sie in gewöhnlichen, noch sichtbaren Quantitäten genommen werden, genau die entgegengesetzten Symptome hervorrufen, sobald man sie in unendlich kleinen Quantitäten nimmt. Das heißt: das Mittel, das einem Kopfschmerzen verursacht, wird die Kopfschmerzen auch heilen, wenn man nur wenig genug davon nimmt. Ich habe schon erklärt, daß die grimmige Opposition von seiten des Ärztestandes gegen die Homöopathie keine wissenschaftliche Opposition gewesen ist, denn niemand scheint zu leugnen, daß einige Mittel in der angegebenen Weise wirken. Man lehnte sich einfach deshalb dagegen auf, weil Ärzte und Apotheken vom Verkauf von Flaschen und Schachteln mit solchen Arzneimitteln, die löffelweise oder in erbsengroßen Pillen genommen werden, leben und weil die Menschen für Tropfen und Pillen, die nicht größer waren als Stecknadelköpfe, nicht so viel zahlen wollten. Heutzutage aber, wo die gebildeten Menschen gegen die Arzneien mißtrauisch zu werden anfangen und wo die unverbesserlich abergläubischen Leute mit patentierten Medizinen überhäuft sind (der ärztliche Rat, sie zu nehmen, steht rund um die Flasche geschrieben und wird gratis beigelegt), ist die Homöopathie ein Mittel geworden, um den Handel mit Arzneimischungen wieder in guten Ruf zu bringen. In diesem Punkt kommt die Opsonintheorie sehr gelegen, um der Homöopathie die Hand zu reichen.

Man füge zu der neuerlich triumphierenden Homöopathie und dem Opsonin noch jenen anderen bemerkenswerten Neuerer hinzu: den schwedischen Masseur, der sich nicht in Theorien ergeht, sondern einen von oben bis unten mit mächtigen Daumen so lange untersucht, bis er die wunden Punkte gefunden und sie weggerieben hat. Dadurch überlistet er einen außerdem zu einer kleinen zuträglichen körperlichen Bewegung, und man hat beinahe das ganze Rüstzeug der heutigen medizinischen Praxis beisammen, soweit es nicht schlechterdings Zauberei oder nichts als geschäftliche Ausbeutung der menschlichen Gläubigkeit und Todesfurcht ist. Man füge noch recht viel Auseinandersetzungen über vegetarische, alkoholfreie Ernährung hinzu, die mit viel Lärm und Zank eine wissenschaftliche Art des Essens und Trinkens fordern, und man hat alles beisammen, was mit irgendeinem Anschein von Selbstvertrauen sich dem zunehmenden Erfolg der Geistheiler mit ihren Kirchen und Gemeinden und Zeloten und Wundern und Kuren entgegensetzt: alles zweifellos

ziemlich albern, aber gesund und sinnvoll, poetisch und hoffnungsvoll im Vergleich zur Pseudowissenschaft des kommerziellen Doktors, der törichterweise die Verfolgung oder gar
Hinrichtung der Gesundbeter verlangt, sobald Patienten dabei sterben, während er die lange Totenliste seiner eigenen
Patienten vergißt.

Bevor dieses Vorwort in Druck geht, wird das ganze Kaleido-
skop vielleicht schon wieder erschüttert und das Opsonin
womöglich durch die Hand seines eigenen ruhelosen Entdek-
kers den Weg des Phlogistons* gegangen sein.

Was Wissenschaft genannt wird, war immer auf der Suche
nach dem Lebenselixier und dem Stein des Weisen und sucht
noch heutzutage ebenso eifrig danach wie zu den Zeiten des
Paracelsus. Wir haben nur verschiedene Namen dafür, wie
Immunisation, Radiologie oder Gott weiß was, aber die
Träume, die uns zu den Abenteuern führen, aus denen wir
lernen, sind letzten Endes immer dieselben. Die Wissenschaft
wird nur gefährlich, wenn sie sich einbildet, daß sie ihr Ziel
erreicht hat. An Priestern und Päpsten ist nur auszusetzen,
daß sie, statt Apostel und Heilige, nichts als Empiriker sind,
die »ich weiß« statt »ich lerne« sagen und um Gläubigkeit
und Faulheit beten, statt wie die Weisen um Zweifel und
Tätigkeit. Abscheulichkeiten wie die Inquisition und die gesetzlich vorgeschriebene Impfung sind nur in Jahren der See-
lenlosigkeit möglich, wo die großen Lebensgesetze von Ehre,
Freiheit und der Verwandtschaft allen Lebens ebenso vergessen sind wie der Glaube, daß das Unbekannte größer als das
Bekannte ist, und das Unbekannte nur vorläufig unbekannt,
und wo die Entschlossenheit, einen menschlichen Weg dorthin zu finden, in einem Paroxysmus von Kleinmut und Angst
untergeht, in welchem nichts als sinnliche Begierden und
Todesfurcht tätig sind. Durch die Ausbeutung der Todesfurcht kann jeder Geschäftsmann ein Vermögen ergattern,

---

* Phlogiston: nach einer Theorie des 18. Jhdts. ein Stoff, der allen brennbaren
  Körpern beim Verbrennungsvorgang entweichen sollte.

jeder Schuft seine Grausamkeit befriedigen und jeder Tyrann uns zu seinem Sklaven machen. – Man gestatte mir, meine Folgerungen so trocken zusammenzufassen, wie es mit exaktem Denken und lebhafter Überzeugung zu vereinbaren ist:

Man mache es dem Arzt zur Pflicht, ein Schild zu führen, auf dem außer den Angaben, die auf seine Qualifikation hinweisen, die Worte stehen: Bedenke, daß auch ich sterblich bin.

Man versuche nicht, ewig zu leben. Es wird einem nicht gelingen.

Man benutze seine Gesundheit, man nutze sie sogar ab. Dazu ist sie da. Man verausgabe alles, was man hat, bevor man stirbt, und überlebe sich nicht selbst.

Man gebe sich äußerste Mühe, wohlgeboren und wohlerzogen zu werden, was auch heißt, daß die Mutter einen guten Arzt haben muß. Man trachte, in eine Schule zu gehen, in der es das gibt, was man einen Schularzt nennt, wo also Ernährung, Zähne, Augenlicht und andere wichtige Dinge beobachtet werden. Man trachte besonders, daß all dies auf Kosten des Staates geschehe, sonst wird es überhaupt nicht geschehen. – Andernfalls wird man das sein, was die meisten Menschen gegenwärtig sind: ein ungesunder Bürger eines ungesunden Volkes, ohne genügend Verstand, sich dessen zu schämen oder darüber unglücklich zu sein.

(1911)

Des Doktors Dilemma

Eine Tragödie

Personen:

REDPENNY
EMMY
SIR COLENSO RIDGEON
LEO SCHUTZMACHER
SIR PATRICK CULLEN
CUTLER WALPOLE
SIR RALPH BLOOMFIELD BONINGTON
DR. BLENKINSOP
JENNIFER DUBEDAT
LOUIS DUBEDAT
MINNIE TINWELL
EIN KELLNER
EIN REPORTER
MR. DANBY

Ort:
Erster Akt – Sprechzimmer von Sir Colenso Ridgeon in der Queen Anne Street, Portland Place, London W.
Zweiter Akt – Auf der Terrasse des Star and Garter-Hotels in Richmond.
Dritter Akt – Studio von Louis Dubedat.
Vierter Akt – Ebenda.
Fünfter Akt – Eine Bildergalerie in der Bond Street.

Zeit:
1903 und später.

Erster Akt

Am frühen Vormittag des 15. Juni 1903 sitzt Redpenny, ein Medizinstudent, der als Hilfskraft bei Dr. Ridgeon arbeitet, im Sprechzimmer des Arztes und beantwortet Briefe. Redpenny ist nicht stolz und tut, ohne Rücksicht auf seine persönliche Würde, alles, was von ihm verlangt wird, wenn man ihn nur auf kameradschaftliche Weise darum bittet. Dafür heimst er die nicht spezifizierbaren Vorteile ein, die der vertrauliche Umgang mit einer Kapazität seines Berufs mit sich bringt, als deren Assistent er sich fühlen kann. Er ist ein großäugiger, leichtgläubiger, freundlicher und vorschneller Jüngling, dessen Haar und Kleidung die Verwandlung vom unsauberen Jungen zum ordentlichen Arzt nur widerstrebend mitmachen.

Redpenny wird unterbrochen durch den Eintritt von Emmy, der alten Wirtschafterin, die die Sorgen, die Vorurteile, die Verpflichtung und die Eifersüchteleien körperlicher Schönheit nie gekannt hat. Sie hat die Hautfarbe einer Zigeunerin, der alle Seife nichts anhaben kann, und sie hat keinen regelrechten Bart, den man wenigstens nach männlicher Art präsentabel trimmen und glätten könnte, sondern eine Vielzahl von Bärten, die meist aus Muttermalen über das ganze Gesicht verteilt hervorsprießen. Sie trägt einen Lappen mit sich herum und wischt ständig Staub, während sie nach neuem Staub Ausschau hält. So ähnlich macht sie es beim Sprechen, ohne jemand anzusehn, außer wenn sie sehr aufgeregt ist. Sie kennt nur ein Verhalten, und das ist das Verhalten einer alten Kinderfrau dem Kind gegenüber, das eben laufen gelernt hat. Sie hat ihre Häßlichkeit dazu benützt, sich eine Nachsicht zu sichern, die weder Cleopatra noch die schöne Rosamunde hätten erreichen können, und sie hat diesen gegenüber den großen Vorteil, daß das Alter ihre Gaben erhöht, statt sie zu vermindern.

Das Sprechzimmer hat zwei Fenster zur Straße hin. Dazwi-

*schen steht eine Konsole mit Marmorplatte und gebogenen
Beinen, die vergoldet sind und in Sphinxkrallen enden. Darüber hängt ein riesiger Wandspiegel, der zum größten Teil
seiner Funktion beraubt ist, weil er mit Palmen, Farnkräu-
tern, Lilien, Tulpen und Sonnenblumen übermalt ist. Die
anschließende Wand ist unterbrochen von einem Kamin, vor
dem zwei Sessel stehn. Da die Ecke des Zimmers dem Zu-
schauerraum genau gegenüber liegt, sind die beiden übrigen
Wände nicht zu sehn. Rechts, vom Kamin aus zur Ecke hin,
ist die Tür. Links vom Kamin steht der Schreibtisch, an dem
Redpenny sitzt. Der Tisch, mit Mikroskop, verschiedenen
Reagenzgläsern und Lampe, ist von unordentlich herumlie-
genden Papieren bedeckt. In der Mitte, parallel zum Kamin
und im rechten Winkel zur Konsole, steht ein Sofa. Zwischen
Sofa und Fenster steht ein Stuhl. Weitere Stühle in der Ecke
und an der Fensterwand im Vordergrund. Die Fenster haben
grüne Jalousien und Ripsvorhänge. An der Decke hängt ein
Gaslüster, der für elektrisches Licht umgerüstet ist. Die Tape-
ten und Teppiche sind vorherrschend grün.*

EMMY *kommt herein und beginnt sofort, das Sofa abzustau-
ben:* Da ist eine Frau, die mir in den Ohren liegt, sie möchte
den Doktor sprechen.

REDPENNY *ärgerlich:* Aber der Doktor ist nicht zu sprechen.
Also, wozu sag ich Ihnen eigentlich, daß wir keine neuen
Patienten mehr annehmen, wenn Sie bei jeder Gelegenheit
mit der Frage hereinstürzen, ob der Doktor für jemand zu
sprechen ist.

EMMY Wer hat Sie gefragt, ob er für jemand zu sprechen ist?

REDPENNY Sie.

EMMY Ich hab gesagt, da ist eine Frau, die mir in den Ohren
liegt, sie möchte den Doktor sprechen. Das ist kein Fragen.
Das ist Erzählen.

REDPENNY Und ist diese Frau, die Ihnen in den Ohren liegt,
ein Grund, mir in den Ohren zu liegen und mich in meiner
Arbeit zu stören?

EMMY Haben Sie die Zeitungen gelesen?

REDPENNY Nein.

EMMY Nichts gelesen von den Ehrungen zum Geburtstag?

REDPENNY *will fluchen:* Was zum –

EMMY Langsam, mein Täubchen, langsam!

REDPENNY Was glauben Sie, was mich die Geburtstagsehrungen kümmern? Hören Sie auf mit Ihrem Gewäsch. Gleich kommt Dr. Ridgeon runter, und ich hab die Briefe noch nicht fertig.

EMMY Dr. Ridgeon kommt nie mehr runter, junger Mann. *Sie entdeckt Staub auf der Konsole und stürzt sich darauf. Redpenny springt auf und folgt ihr.*

REDPENNY Was?

EMMY Man hat ihn zum Ritter geschlagen. Nennen Sie ihn ja nicht mehr Dr. Ridgeon. Sein Name ist von jetzt an Sir Colenso Ridgeon.

REDPENNY Das freut mich aber.

EMMY Und ich war noch nie so überrascht. Ich begreif nicht, daß seine großen Entdeckungen was taugen sollen. Ich dachte immer, alles Blödsinn, ganz zu schweigen von dem Dreck, den Experimenten mit Blutstropfen und all den Röhren voll mit Fieberbazillen und so was. Da wird er mich schön auslachen.

REDPENNY Geschieht Ihnen recht! Das sieht Ihnen verdammt ähnlich, mit dem Doktor über Wissenschaft zu reden. *Er geht an den Tisch und schreibt weiter.*

EMMY Ach, ich halte nicht viel von Wissenschaft. Und das werden Sie auch nicht mehr, wenn Sie so lange mit ihr zusammengelebt haben wie ich. Was mir Sorge macht, ist, wie oft ich heute noch zur Tür laufen muß. Der alte Sir Patrick Cullen war schon da und hat gratuliert. Er war auf dem Weg ins Krankenhaus und hatte keine Zeit raufzukommen, aber er wollte unbedingt der erste sein. Er kommt später nochmal. All die andern werden auch kommen. Wird das ein Gerenne den ganzen Tag. Ich fürchte nur, der Doktor schafft sich so einen Diener an wie all die anderen, jetzt, wo er Sir Colenso ist. Hören Sie, reden Sie ihm das ja nicht ein, mein Täubchen. Keiner wird ihn so zufriedenstellen wie ich, denn wenn ich die Tür aufmache, weiß ich, wen ich reinlassen kann und wen nicht. Das erinnert mich an die arme junge Frau. Ich meine, er sollte sie anhören. Sie ist genau der Typ, der ihm gefällt. *Sie staubt Redpennys Papiere ab.*

REDPENNY Ich sage Ihnen, er kann niemanden empfangen. Verschwinden Sie schon. Wie soll ich denn arbeiten, wenn Sie hier mit Ihrem Staublappen herumwischen.

EMMY Ich halte Sie nicht von der Arbeit ab – wenn Sie Briefeschreiben arbeiten nennen. Da, es klingelt. *Sie geht ans Fenster und sieht hinaus:* Ein Wagen. Da will wieder jemand gratulieren.

Sie geht auf die Tür zu, als Sir Colenso Ridgeon eintritt. Haben Sie Ihre Frühstückseier aufgegessen, mein Sohn?

RIDGEON Ja.

EMMY Haben Sie ein frisches Hemd angezogen?

RIDGEON Ja.

EMMY Sie sind mein Goldtäubchen! Nun bleiben Sie schön sauber, und kramen Sie nicht so viel herum und machen sich die Hände wieder schmutzig. Die Leute kommen, um Ihnen zu gratulieren.

Sie geht hinaus. Sir Colenso Ridgeon ist ein Mann von fünfzig, der sich jung gehalten hat. Er hat das lässige Benehmen und die kleinen Ungehörigkeiten beim Sprechen, die ein schüchterner und feinfühliger Mensch im Umgang mit allen möglichen Leuten in allen möglichen Lebenslagen annimmt. Sein Gesicht ist gezeichnet, er bewegt sich langsamer als Redpenny, und sein blondes Haar hat den Glanz verloren, aber nach Gestalt und Auftreten gleicht er eher einem jungen Mann als dem geadelten Arzt. Sogar die Falten in seinem Gesicht sind vor allem Zeichen der Überarbeitung und des ruhelosen Zweifelns, und teilweise vielleicht mehr als Folge von Neugier und Wißbegierde entstanden, als aufgrund des Alters. Im Augenblick macht ihn die Bekanntmachung seines Ritterstandes in den Morgenzeitungen befangen, und er behandelt Redpenny daher besonders beiläufig.

RIDGEON Haben Sie die Zeitungen gelesen? Sie müssen meinen Namen in den Briefen ändern, wenn Sie's nicht schon getan haben.

REDPENNY Emmy hat es mir eben erzählt. Freut mich riesig. Ich –

RIDGEON Genug, junger Mann, genug. Sie werden sich bald daran gewöhnen.

REDPENNY Es wäre schon vor Jahren fällig gewesen.

RIDGEON Kann sein. Vielleicht lag es an Emmy. Die meisten Leute erschrecken, wenn sie die Tür öffnet.

EMMY *in der Tür:* Dr. Schuhmacher.

Sie zieht sich zurück. Dr. Schutzmacher tritt ein. Er ist gut gekleidet, macht ein freundliches, aber verlegenes Gesicht, da er nicht ganz sicher ist, wie er empfangen wird. Er vereinigt sanfte Manieren und entgegenkommende Höflichkeit mit einer gewissen, kaum merkbaren Reserve, und die vertrauten und dennoch fremdartig geschnittenen Züge weisen auf den Juden hin, in diesem Fall auf den gutaussehenden, vornehmen und gebildeten Juden, der nach seinem dreißigsten Jahr etwas engbrüstig und schwächlich geworden ist, wie es gutaussehende junge Juden öfter werden, der aber immer noch sehr ansehnlich ist.

SCHUTZMACHER Kennst du mich noch? Schutzmacher, nicht Schuhmacher. Wir waren zusammen auf der Universität. Loony Schutzmacher.

RIDGEON Was! Loony! *Er schüttelt ihm die Hand:* Menschenskind, ich dachte, du bist längst tot. Setz dich.

Schutzmacher setzt sich aufs Sofa, Ridgeon auf den Stuhl zwischen Sofa und Fenster.

Und wo hast du die letzten dreißig Jahre gesteckt?

SCHUTZMACHER Ich hatte meine Praxis bis vor ein paar Monaten. Jetzt bin ich im Ruhestand.

RIDGEON Da hast du recht, Loony! Ich wollte, ich könnte es
mir auch leisten, mich zurückzuziehn. Hast du in London
praktiziert?

SCHUTZMACHER Nein.

RIDGEON In einem eleganten Seebad, nehme ich an.

SCHUTZMACHER Wie hätte ich mir da eine Praxis leisten
können? Ich hatte keinen Penny. Ich saß in einer Fabrik-
stadt in Mittelengland, in einem kleinen Sprechzimmer für
zehn Shilling die Woche.

RIDGEON Und hast ein Vermögen verdient?

SCHUTZMACHER Nun, es geht mir recht gut. Ich hab ein
Haus in Hertfordshire und eine Stadtwohnung. Wenn du
mal Lust hast, ein ruhiges Wochenende zu verleben, sag
mir Bescheid. Ich kann dich im Auto mitnehmen.

RIDGEON Du schwimmst also in Geld! Ich wollte, ihr reichen
Kerle würdet mir beibringen, wie man das macht. Was ist
das Geheimnis?

SCHUTZMACHER In meinem Fall gibt es kein großes Geheimnis, obwohl ich vielleicht Unannehmlichkeiten gehabt hätte, wenn meine Methode allgemein bekannt geworden
wäre. Ich fürchte, auch du wirst sie für ziemlich unwürdig
halten.

RIDGEON Oh, ich habe ein weites Herz. Was war's denn?

SCHUTZMACHER Das ganze Geheimnis bestand eigentlich
nur aus zwei Worten.

RIDGEON Doch nicht Behandlung kostenlos?

SCHUTZMACHER *düpiert:* Nein, nein. Also hör mal!

RIDGEON Natürlich nicht. Ich mach nur Spaß.

SCHUTZMACHER Bei mir hieß es einfach, Heilung garantiert.

RIDGEON *bewundernd:* Heilung garantiert!

SCHUTZMACHER Garantiert. Das, was im Grunde jeder von
einem Arzt verlangt, nicht wahr?

RIDGEON Mein lieber Loony, das war eine Eingebung. Und
so stand es auf deinem Schild?

SCHUTZMACHER Ich hatte kein Schild. Nur ein Ladenfenster,
rot mit schwarzer Aufschrift. Doktor Leo Schutzmacher,

Mitglied des königlichen Ärzteverbandes, Beratung und Arznei. Sixpence. Heilung garantiert.

RIDGEON Und das mit der Garantie stimmte in neun von zehn Fällen, was?

SCHUTZMACHER *etwas verletzt über eine so geringe Einschätzung:* Viel, viel öfter. Siehst du, die meisten Menschen werden wieder gesund, wenn sie vorsichtig sind und man ihnen einen vernünftigen Rat gibt. Und meine Medizin hat den Leuten wirklich gut getan. Aktivol, ein synthetisches Aufbaupräparat, weißt du. Ein Eßlöffel auf einen halben Liter Wasser. Nichts ist besser, egal, worum sich's handelt.

RIDGEON Redpenny, notieren Sie: Aktivol.

SCHUTZMACHER Ich nehme es selber, wenn ich mich abgespannt fühle. Also auf Wiedersehn. Mein Besuch war dir hoffentlich nicht unangenehm? Ich wollte nur gratulieren.

RIDGEON Es war reizend, mein lieber Loony. Komm nächsten Samstag zu mir zum Essen. Und anschließend fahr ich mit nach Hertford.

SCHUTZMACHER Ja, gern, mit dem größten Vergnügen. Danke. Und auf Wiedersehen. *Er geht mit Ridgeon hinaus, der sofort wieder zurückkommt.*

REDPENNY Der alte Paddy Cullen war da, als Sie noch nicht auf waren. Er wollte der erste sein, der Ihnen gratuliert.

RIDGEON Wer hat Ihnen erlaubt, Sir Patrick Cullen den alten Paddy zu nennen, Sie junger Schnösel?

REDPENNY Sie nennen ihn immer so.

RIDGEON Jetzt, da ich *Sir* Colenso bin, bestimmt nicht mehr. Demnächst nennt ihr Burschen mich den alten Colly Ridgeon.

REDPENNY In der Klinik tun wir das längst.

RIDGEON Wahrhaftig! Das ist das, was den Medizinstudenten zu der widerlichsten Erscheinung in der modernen Zivilisation macht. Keine Ehrfurcht, keine Manieren — kein —

EMMY *in der Tür:* Sir Patrick Cullen. *Sie zieht sich zurück.* *Sir Patrick Cullen ist über zwanzig Jahre älter als Ridgeon,*

*noch nicht ganz am Ende seiner Kraft, aber nahe daran
und hat sich damit abgefunden. Sein Name, seine gerade,
unverblümte, manchmal ziemlich trockene Art zu denken,
seine breite Statur, das Fehlen aller jener wunderlichen
Zeichen von feierlicher Unterwürfigkeit, wodurch ein alter
englischer Arzt einem klar macht, wie es in seiner Jugend
um seinen Stand in England bestellt war, und gelegentliche
Redewendungen sind irisch, aber er hat sein Leben lang in
England gelebt und ist vollständig akklimatisiert. Seine Art
Ridgeon gegenüber, den er mag, ist schrullig und väterlich
zugleich. Zu anderen ist er etwas mürrisch und abweisend,
bereit, ein mehr oder weniger ausdrucksvolles Grunzen an
die Stelle der artikulierten Rede zu setzen, und in seinem
Alter nicht mehr gelaunt, sich gesellschaftlich sehr anzu-
strengen. Er schüttelt Ridgeon die Hand und blinzelt verschmitzt.*

SIR PATRICK Na, junger Freund. Dieser Mantel ist Ihnen
wohl zu weit, was?

RIDGEON Viel zu weit. Alles was ich bin, verdanke ich Ihnen.

SIR PATRICK Dummes Zeug, mein Junge. Trotzdem freu ich
mich.

*Er setzt sich in einen Sessel an den Kamin. Ridgeon setzt
sich aufs Sofa.*

Ich möchte mich ein bißchen mit Ihnen unterhalten.

Zu Redpenny: Junger Mann, verschwinden Sie.

REDPENNY Sofort, Sir Patrick. *Er nimmt seine Papiere zusammen und geht auf die Tür zu.*

SIR PATRICK Danke. Sie sind ein prima Kerl.

Redpenny geht hinaus.

Diese jungen Burschen lassen sich von mir alles gefallen,
weil ich ein alter Mann bin, ein wirklich alter Mann, nicht
so wie Sie, Sie fangen ja erst an, sich den Anschein des
Alters zu geben. Haben Sie mal einen Jüngling beobachtet,
wie der seinen Schnurrbart pflegt? Nun, ein Doktor in
mittleren Jahren, der seinen Graukopf pflegt, ist so ziemlich derselbe Anblick.

RIDGEON Mein Gott! Ja, ich glaube, Sie haben recht. Und ich dachte, die Tage meiner Eitelkeit seien vorbei. Sagen Sie, in welchem Alter hört der Mensch eigentlich auf, ein Narr zu sein?

SIR PATRICK Denken Sie an den Franzosen, der seine Großmutter fragte, in welchem Alter die Versuchungen der Liebe uns nichts mehr anhaben können. Und die alte Frau antwortet, das wüßte sie nicht.

Ridgeon lacht.

Nun, ich gebe Ihnen dieselbe Antwort. Aber die Welt fängt jetzt an, sehr interessant für mich zu werden, Colly.

RIDGEON Sie haben sich Ihr Interesse für die Wissenschaft bewahrt, nicht wahr?

SIR PATRICK Bei Gott! Ja. Die moderne Wissenschaft ist eine wunderbare Sache. Nehmen Sie Ihre große Entdeckung! Nehmen Sie alle großen Entdeckungen! Wo führen sie hin? Nun, geradewegs zurück zu den Ideen und Entdeckungen meines armen alten Vaters. Er ist jetzt schon über vierzig Jahre tot. Das ist doch sehr interessant.

RIDGEON Und dennoch geht nichts über den Fortschritt, finden Sie nicht?

SIR PATRICK Mißverstehen wir uns nicht, mein Junge. Ich will Ihre Entdeckung nicht herabsetzen. Die meisten Entdeckungen werden regelmäßig alle fünfzehn Jahre gemacht. Seit Ihre Entdeckung zum letztenmal gemacht wurde, sind immerhin hundertfünfzig verstrichen. Und darauf können Sie stolz sein. Aber neu ist sie nicht. Es handelt sich dabei um eine Art Impfung. Mein Vater impfte schon gegen die Pocken, ehe es 1840 zum Verbrechen erklärt wurde. Das brach dem alten Mann das Herz, Colly, daran ist er gestorben. Und jetzt stellt sich heraus, daß mein Vater doch recht gehabt hat, denn Sie sind darauf zurückgekommen.

RIDGEON Ich verstehe nichts von Pocken. Mein Gebiet ist die Tuberkulose. Aber natürlich, im Prinzip ist die Handhabung die gleiche.

81

SIR PATRICK Tuberkulose? Hm! Sie haben also ein Mittel gegen die Schwindsucht?

RIDGEON Ich glaube, ja.

SIR PATRICK Ah, ja. Das ist sehr interessant. Wie sagt doch der alte Kardinal in Brownings Stück? ›Ich habe vierundzwanzig Anführer des Aufruhrs gekannt.‹ Nun, ich habe über dreißig Ärzte gekannt, die ein Mittel gegen die Schwindsucht entdeckt haben. Warum sterben die Leute eigentlich noch daran, Colly? Aus Niedertracht wahrscheinlich. Da gab es George Boddington aus Sutton Coldfield, ein alter Freund meines Vaters. Der entdeckte 1840 die Freiluftkur. Er wurde ruiniert und verlor seine Praxis, bloß weil er die Fenster öffnete. Und heute würden wir einem lungenkranken Patienten am liebsten nicht mal ein Dach über dem Kopf lassen. Oh, das ist sehr interessant für einen alten Mann.

RIDGEON Sie alter Zyniker, Sie halten kein bißchen von meiner Entdeckung.

SIR PATRICK Nein, nein. Soweit möchte ich nicht gehn. Aber immerhin, Sie erinnern sich an Jane Marsh?

RIDGEON Jane Marsh? Nein.

SIR PATRICK Was, nicht!?

RIDGEON Nein.

SIR PATRICK Wollen Sie damit sagen, daß Sie sich nicht mehr an die Frau mit dem tuberkulösen Geschwür am Arm erinnern?

RIDGEON *geht ein Licht auf:* Ach so, die Tochter Ihrer Putzfrau. Hieß die Jane Marsh? Das hatte ich vergessen.

SIR PATRICK Vielleicht haben Sie auch vergessen, daß Sie den Arm mit dem Tuberkulin von Robert Koch retten wollten.

RIDGEON Und anstatt zu heilen, faulte der Arm einfach ab. Ja, ich erinnere mich. Arme Jane. Immerhin lebt sie jetzt ganz gut davon. Sie zeigt ihren Arm bei medizinischen Vorlesungen.

SIR PATRICK Aber das war wohl kaum das, was Sie beabsichtigt hatten?

RIDGEON Ich ging das Risiko eben ein.

SIR PATRICK Jane ging es ein, meinen Sie.

RIDGEON Nun, für den Patienten ist es immer ein Risiko, wenn es nötig wird zu experimentieren. Und ohne Experiment finden wir nichts heraus.

SIR PATRICK Was fanden Sie denn in Janes Fall heraus?

RIDGEON Daß die Injektion, die heilen soll, manchmal tötet.

SIR PATRICK Das hätte ich Ihnen sagen können. Ich habe selber ein paar Versuche nach diesen modernen Methoden angestellt. Ich habe Leute damit getötet, und ich habe Leute damit geheilt. Aber ich hab das alles aufgegeben, weil ich nie wußte, wie es ausgeht.

RIDGEON *steht auf, nimmt eine Broschüre aus der Schreibtischschublade und gibt sie ihm:* Lesen Sie das, wenn Sie mal Zeit haben. Und Sie werden wissen, warum.

SIR PATRICK *brummt und sucht seine Brille:* Zum Kuckuck mit euren Schreibereien. Was soll das in der Praxis? *Liest:* Opsonin? Was zum Teufel ist Opsonin?

RIDGEON *setzt sich wieder hin:* Mit Opsonin werden die Krankheitskeime angereichert, damit die weißen Blutkörperchen sie schön verzehren.

SIR PATRICK Das ist nicht neu. Diese Meinung, daß die weißen Blutkörperchen, die – wie heißt er noch – Metchnikoff – wie nannte?

RIDGEON Phagozyten.

SIR PATRICK Ah, ja, Phagozyten, natürlich, ja. Von der Theorie, daß die Phagozyten die Krankheitskeime verzehren, habe ich schon vor Jahren gehört, lange bevor Ihre Entdeckung Mode wurde. Allerdings, sie tun es nicht immer.

RIDGEON Sie tun es, wenn die Krankheitskeime genug Opsoningehalt haben.

SIR PATRICK Humbug.

RIDGEON Nein, das ist kein Humbug. Es geht folgendermaßen vor sich. Die Phagozyten fressen die Mikroben nur, wenn sie auch fett genug sind. Nun produzieren die Patienten das Fett selber, das ist klar, aber meine Entdeckung ist, daß dieses Fett, das ich Opsonin nenne, sich in einem System von Auf und Nieder befindet – die Natur bewegt sich immer rhythmisch, wie Sie wissen – und was wir tun können, ist, dieses Auf und Ab, je nachdem, zu stimulieren. Wenn wir Jane Marsh die Spritze gegeben hätten, als die Fettbildung im Steigen begriffen war, wäre ihr Arm gerettet gewesen. Aber wir erwischten den falschen Moment, und der Arm war verloren. Alles hängt davon ab, daß wir im richtigen Augenblick handeln. Treffen wir auf die negative Phase, töten wir den Patienten, treffen wir auf die positive Phase, heilen wir ihn.

SIR PATRICK Und woher wissen Sie, in welcher Phase der Patient sich befindet?

RIDGEON Schicken Sie mir einen Tropfen Blut des Kranken ins Labor, und in fünfzehn Minuten habe ich das Ergebnis. Bei einem Prozent und mehr Opsoningehalt hat die Injektion Erfolg. Bei weniger als null Komma acht ist sie tödlich. Das ist meine Entdeckung. Die wichtigste Entdeckung, seit Harvey den Blutkreislauf entdeckte. Meine Patienten sterben nicht mehr an Tuberkulose.

SIR PATRICK Und meine sterben, wenn ich sie in der negativen Phase impfe, was?

RIDGEON Unweigerlich. Einem Patienten ein Serum injizieren, ohne den Opsoningehalt festgestellt zu haben, heißt so nahe ans Morden herankommen, wie ein anständiger Arzt überhaupt gehen kann. Wenn ich einen Menschen töten wollte, würde ich genau das tun.

EMMY *in der Tür:* Da ist eine junge Frau, die einen lungenkranken Mann hat. Darf sie reinkommen?

RIDGEON *ungeduldig:* Nein. Sie wissen doch, daß ich niemand mehr annehme. *Zu Sir Patrick:* Ich lebe in einem ständigen Belagerungszustand, seit bekannt ist, daß ich ein Magier bin, der die Schwindsucht mit einem Tropfen Serum heilt. *Zu Emmy:* Stören Sie mich nicht noch einmal wegen Patienten, die keinen Termin haben. Wie gesagt, ich kann niemand mehr annehmen.

EMMY Gut, ich sag ihr, sie soll noch ein bißchen warten.

RIDGEON *gereizt:* Sie sagen ihr, ich kann nichts für sie tun, und schicken sie weg. Hören Sie?

EMMY *unbewegt:* Aber Dr. Walpole, wollen Sie den empfangen? Der braucht keine Beratung. Er will Ihnen nur gratulieren.

RIDGEON Natürlich. Bringen Sie ihn herauf.

Sie will gehn.

Halt. *Zu Sir Patrick:* Ich möchte Sie noch was fragen, unter uns. *Zu Emmy:* Bitten Sie Mr. Walpole, noch zwei Minuten zu warten. Wir sind bei einer Besprechung.

EMMY Oh, er wartet gern. Er unterhält sich mit der armen Frau. *Sie geht.*

SIR PATRICK Nun? Was gibt's?

RIDGEON Lachen Sie nicht. Ich möchte wissen, was mit mir los ist.

SIR PATRICK Fragen Sie mich als Arzt?

RIDGEON Ja. Es muß irgend etwas sein. Ich weiß nur nicht, was.

SIR PATRICK Hm. Ich vermute, Sie haben sich untersuchen lassen.

RIDGEON Natürlich. Mit den Organen ist nichts, nichts Besonderes jedenfalls. Aber ich habe merkwürdige Schmerzen. Ich weiß nicht, wo. Ich kann sie nicht lokalisieren. Manchmal denk ich, es ist das Herz, und manchmal hab ich die Wirbelsäule in Verdacht. Es tut mir nicht richtig weh, aber es bringt mich völlig durcheinander. Ich spüre, daß irgendwas in mir vorgeht. Und es gibt noch andere Symptome. Fetzen von Melodien kommen mir in den Kopf, die ich wunderschön finde, obwohl sie ganz banal sind.

SIR PATRICK Hören Sie Stimmen?

RIDGEON Nein.

SIR PATRICK Da bin ich froh. Wenn mir ein Patient erzählt, daß er eine größere Entdeckung als Harvey gemacht hat und Stimmen hört, sperr ich ihn nämlich ein.

85

RIDGEON Sie denken, ich bin verrückt! Denselben Verdacht hatte ich auch schon. Sagen Sie mir die Wahrheit. Ich halte sie aus.

SIR PATRICK Sind Sie sicher, daß Sie keine Stimmen hören?

RIDGEON Ganz sicher.

SIR PATRICK Dann ist es nur eine alberne Anwandlung.

RIDGEON Haben Sie jemals so einen Fall in Ihrer Praxis erlebt?

SIR PATRICK Oh ja, oft. Es ist ziemlich allgemein im Alter zwischen siebzehn und zweiundzwanzig. Manchmal kommt es wieder mit vierzig oder darüber. Sie sind Junggeselle, wissen Sie. Es ist nicht schlimm – wenn Sie aufpassen.

RIDGEON Mit dem Essen?

SIR PATRICK Nein. Im großen und ganzen. Mit Ihrer Wirbelsäule ist nichts und nichts mit Ihrem Herzen, aber mit dem gesunden Menschenverstand stimmt irgendwas nicht. Davon stirbt man nicht, aber es kann sein, daß Sie einen Narren aus sich machen. Nehmen Sie sich also in acht.

RIDGEON Ich seh, Sie glauben nicht an meine Entdeckung. Manchmal glaube ich selber nicht daran. Trotzdem danke ich Ihnen. Sollen wir Walpole raufkommen lassen?

SIR PATRICK Meinetwegen.

Ridgeon klingelt.

Dieser Walpole ist ein geschickter Chirurg, obwohl er das nur dem Chloroform zu verdanken hat. In meiner Jugend hat man den Patienten betrunken gemacht, Pfleger und Studenten hielten ihn fest, und du mußtest die Zähne zusammenbeißen und deine Arbeit schnell erledigen. Heute geht es gemütlicher zu, du kannst dir Zeit lassen, und die Schmerzen kommen erst hinterher, wenn du dein Honorar kassiert hast und über alle Berge bist. Ich sag Ihnen, Colly, das Chloroform richtet eine Menge Unheil an. Es befähigt jeden Dummkopf, zu operieren.

RIDGEON *zu Emmy, die auf das Klingelzeichen in der Tür erscheint:* Bitten Sie Mr. Walpole herauf.

EMMY Er unterhält sich noch mit der Frau.

86

RIDGEON *außer sich:* Habe ich Ihnen nicht gesagt –
Emmy geht, ohne auf ihn zu achten. Er gibt es auf, zuckt
mit den Schultern, steht auf und lehnt sich resigniert mit
dem Rücken an die Konsole.

SIR PATRICK Ich kenne diese Sorte Mediziner. Sie haben herausgefunden, daß der menschliche Körper voll von Resten
alter Organe ist, die nicht mehr lebensnotwendig sind. Mit
Hilfe des Chloroforms kann man all dies Zeug herausschneiden, ohne irgendwelchen Schaden anzurichten, außer der Zeit im Bett und den Goldstücken, die es kostet.
Mit den Walpoles war ich vor fünfzehn Jahren gut bekannt. Der Vater pflegte den Leuten für fünfzig Pfund das
Ende der Gaumenzäpfchen zu kappen und pinselte danach
ihre Hälse täglich mit Jod ein, was ihm noch einmal zwei
Pfund pro Tag einbrachte. Sein Schwager entfernte für
zweihundert Pfund die Mandeln, bis er sich für das
doppelte Honorar auf Unterleibsgeschichten bei Frauen
spezialisierte. Unser Cutler Walpole hat angestrengt Anatomie studiert, um was Neues zum Herausschneiden zu
finden, und er hat wirklich etwas gefunden, das er in Mode
gebracht hat: irgendeine nußförmige Ausbuchtung, die er
Parabeutel nennt. Die Leute zahlen zweitausend Pfund
dafür, daß er ihnen das Ding herausschneidet. Sie könnten
sich ebensogut die Haare schneiden lassen, aber ich vermute, sie kommen sich danach sehr wichtig vor. Du kannst
jetzt zu keiner Veranstaltung mehr gehn, ohne daß sich
dein Nachbar irgendeiner dieser nutzlosen Operationen
rühmt.

EMMY *in der Tür:* Dr. Cutler Walpole. *Sie geht. Cutler Wal-*
pole ist ein energischer, nicht gerade von Skrupeln gequäl-
ter Mann von vierzig mit klar gezeichneten Zügen. Im
Gegensatz zu Ridgeons leicht gebrochenem Aussehen und
dem altersverwitterten von Sir Patrick, sieht sein Gesicht
wie von einer Maschine gemacht und geglättet aus, nur die
kühnen, forschenden Augen geben ihm Leben und Kraft.
Er scheint nie verlegen, nie im Zweifel. Man spürt, daß er

*auch Fehler gründlich und entschlossen macht. Er hat
schöne gepflegte Hände, kurze Arme und ist mehr gedrun-
gen und breit als groß. Er ist elegant gekleidet, trägt eine
gemusterte Weste, eine bunte Krawatte samt Nadel, Anhänger an seiner Uhrkette, Gamaschen über den Schuhen
und hat etwas von einem wohlhabenden Sportsmann an
sich. Er geht sofort auf Ridgeon zu und schüttelt ihm die
Hand.*

WALPOLE Mein lieber Ridgeon, die besten Wünsche! Herz-
lichsten Glückwunsch! Sie verdienen es.

RIDGEON Danke.

WALPOLE Als Mensch, versteht sich. Sie verdienen es als
Mensch. Das mit dem Opsonin ist einfach Quatsch, wie
jeder fähige Chirurg Ihnen sagen kann. Aber wir sind alle
entzückt zu erleben, daß man Ihre persönlichen Eigenschaften anerkennt. Sir Patrick, wie geht's? Ich schickte
Ihnen neulich einen Aufsatz über eine kleine Erfindung, die
ich gemacht habe. Eine neue Säge. Für die Schulterblätter.

SIR PATRICK *überlegt:* Ja, ich erinnere mich. Das ist eine gute
Säge. Ein nützliches und handliches Werkzeug.

WALPOLE *vertraulich:* Ich wußte, daß Sie was davon verstehn.

SIR PATRICK Und ich erinnerte mich dabei an eine Säge von
vor fünfundsechzig Jahren.

WALPOLE Was!

SIR PATRICK Die es damals in jeder Tischlerwerkstatt gab.

WALPOLE Daß ich nicht lache! Unsinn! Tischlerwerkstatt –

RIDGEON Machen Sie sich nichts draus, Walpole. Er ist nei-
disch.

WALPOLE Ich hoffe übrigens nicht, Sie bei irgendeiner Privat-
angelegenheit zu stören.

RIDGEON Durchaus nicht. Nehmen Sie Platz. Ich habe ihn
nur um Rat gefragt. Ich bin ziemlich daneben. Überarbeitet
wahrscheinlich.

WALPOLE *schnell:* Ich weiß, was Ihnen fehlt. Ich seh es Ihnen
an. Ich spürte es schon, als Sie mir die Hand gaben.

88

RIDGEON Und was ist es?

WALPOLE Blutvergiftung.

RIDGEON Blutvergiftung! Unmöglich.

WALPOLE Wenn ich es Ihnen sage. Fünfundneunzig Prozent der Menschheit leidet an chronischer Blutvergiftung und stirbt daran. Das ist einfach wie das ABC. In Ihrem Körper ist ein verkümmertes Organ, der Parabeutel, wie ich ihn nenne, der voller Verwesungsstoffe ist – unverdaute Speisen und Abfallprodukte – wucherndes Leichengift. Wenn ich Ihnen raten soll, Ridgeon, lasen Sie mich das Ding herausschneiden. Sie werden danach ein anderer Mensch sein.

SIR PATRICK Mögen Sie ihn nicht, wie er ist?

WALPOLE Nein. Ich mag niemand, dessen Stoffwechsel nicht in Ordnung ist. Und ich behaupte, in einem wirklich intelligent regierten Land würde man keinem Menschen erlauben, mit diesem sinnlosen Organ herumzulaufen und sich zum Herd der Ansteckung zu machen.

SIR PATRICK Darf ich fragen, ob Sie sich Ihren Parabeutel haben herausschneiden lassen?

WALPOLE *triumphierend:* Ich hab keinen. Sehen Sie mich an! Nichts deutet darauf hin. Ich bin kerngesund. Rund fünf Prozent der Bevölkerung hat keinen, und ich gehöre zu diesen fünf Prozent. Ich gebe Ihnen ein Beispiel. Kennen Sie Mrs. Jack Foljambe, die reizende Mrs. Foljambe? Zu Ostern operierte ich ihre Schwägerin, Lady Gorran, und fand bei ihr den größten Parabeutel, den ich jemals gesehen habe. Er wog ungefähr zwei Unzen. Und Mrs. Foljambe hatte den richtigen Geist – den echten hygienischen Instinkt. Sie konnte es nicht ertragen, daß ihre Schwägerin nun eine saubere, gesunde Frau sein sollte und sie einfach ein wandelndes Grab. Daher bestand sie darauf, daß ich sie auch operiere. Und bei Gott, sie hatte überhaupt keinen. Nicht die Spur! Kein Relikt! Ich war so verwirrt – so interessiert, daß ich vergaß, die Tamponade herauszunehmen, und war schon dabei, die Wunde zu vernähen, als die

Schwester mich darauf aufmerkam machte. Wie dem auch sei, ich war sicher, sie müßte einen besonders großen haben. *Er setzt sich auf das Sofa, richtet sich auf, schnellt die Hände aus den Manschetten und stemmt sie in die Seiten.*

EMMY *in der Tür:* Sir Ralph Bloomfield Bonington.

Eine lange und erwartungsvolle Pause folgt dieser Ankündigung. Alle blicken zur Tür, aber Sir Ralph kommt nicht.

RIDGEON *endlich:* Wo ist er denn?

EMMY *sieht hinter sich:* Der Teufel soll ihn holen, ich dachte, er kommt mir nach. Er ist unten geblieben und spricht mit dieser Frau.

RIDGEON *braust auf:* Sollten Sie dieser Frau nicht sagen – *Emmy verschwindet.*

WALPOLE *springt auf:* Ja richtig, Ridgeon, das erinnert mich daran. Ich habe mit dem armen Ding gesprochen. Es handelt sich um ihren Mann. Und sie denkt, er hat Schwindsucht. Die falsche Diagnose, wie gewöhnlich. Diesen verdammten praktischen Ärzten sollte verboten werden, einen Patienten zu untersuchen, außer im Auftrag eines Spezialisten. Sie hat mir die Symptome beschrieben, und der Fall ist sonnenklar. Schlimme Blutvergiftung. Nun ist sie aber arm. Sie kann sich's nicht leisten, ihn operieren zu lassen. Schicken Sie ihn also zu mir. Ich mach es umsonst. Ich habe Platz in meiner Klinik. Ich werd ihm auf die Beine helfen, ich werde ihn herausfüttern und sie glücklich machen. Ich mache Menschen gern glücklich. *Er geht an den Stuhl neben dem Fenster und setzt sich hin.*

EMMY *in der Tür:* Hier ist er. *Sie geht. Sir Ralph Bloomfield Bonington schwebt herein. Er ist ein hochgewachsener Mann, mit einem Kopf wie ein großes, schlankes Ei. Früher war er auch sonst schlank gewesen, aber jetzt, in seinem sechsten Jahrzehnt, ist er etwas fülliger geworden. Seine hellen Augenbrauen wölben sich gutmütig und unkritisch. Er hat eine äußerst musikalische Stimme, seine Sprechweise ist ein ununterbrochener Singsang, und er kriegt diesen Klang nie über. Er strahlt eine ungeheure Selbstzu-*

friedenheit aus, erheiternd, beruhigend und sogar heilend,
weil weder Angst noch Krankheit sich mit seiner sympathi-
schen Erscheinung vertragen. Er ist der geborene Heiler
und von eigentlicher Behandlung und professionellem
Können ebenso unabhängig wie irgendein gläubiger Ge-
sundbeter. In seiner Beredsamkeit und der Darstellung
wissenschaftlicher Ausführungen ist er genauso energisch
wie Walpole, aber es ist eine Energie, die wie eine Naturge-
walt wirkt und sowohl den Gegenstand als auch die Zu-
schauer geradezu einhüllt, so daß sie jede Unterbrechung
oder Unaufmerksamkeit unmöglich macht und allen Ver-
ehrung und Gläubigkeit aufzwingt. Unter Ärzten ist er als
B. B. bekannt, und der Neid, den seine erfolgreiche Praxis
hervorruft, wird durch die Überzeugung gemildert, daß er
vom fachlichen Standpunkt aus ein ungeheurer Schwindler
ist. Tatsache ist, daß er nicht mehr, aber auch nicht weniger
weiß als seine Kollegen.

B. B. Aha! Sir Colenso, Sir Colenso, was? Willkommen im
Stand der Ritterschaft.

RIDGEON *schüttelt ihm die Hand:* Danke, B. B.

B. B. Was! Sir Patrick! Und wie geht es uns heute? Ein bißchen unterkühlt? Ein bißchen steif? Aber gesund und noch
immer der Gescheiteste von uns allen.

Sir Patrick brummt.

Was! Walpole! Der zerstreute Professor, he?

WALPOLE Was soll das heißen?

B. B. Haben Sie die entzückende Opernsängerin vergessen,
die ich Ihnen schickte wegen einer Schwellung an den
Stimmbändern?

WALPOLE *springt auf:* Großer Gott, Mensch, Sie wollen
doch nicht sagen, daß ich ihr den Hals hätte operieren
sollen!

B. B. *schelmisch:* Aha! Ha ha! Aha! *Trällert wie eine Lerche*
und droht Walpole mit dem Finger: Sie haben ihr den
Parabeutel herausgeschnitten! Na schön! Die Macht der
Gewohnheit! Macht der Gewohnheit! Macht nichts,

macht gar nichts. Sie hat ihre Stimme ja wiederbekommen und hält Sie für den größten lebenden Chirurgen, und das sind Sie auch, das sind Sie wirklich, wirklich.

WALPOLE *flüstert, sehr ernst:* Blutvergiftung. Eindeutig. *Er setzt sich wieder hin.*

SIR PATRICK Und wie befindet sich die königliche Familie unter Ihrer Obhut, Sir Ralph?

B. B. Unser Freund Ridgeon wird erfreut sein zu hören, daß ich seine Behandlungsmethode mit Opsonin bei dem kleinen Prinzen versucht habe, und zwar mit durchschlagendem Erfolg.

RIDGEON *bestürzt:* Aber wie –

B. B. *fährt fort:* Ich hatte den Verdacht auf Tuberkulose. Der Junge vom Obergärtner leidet daran. Daher begab ich mich eines Tages in Ihre Klinik und ließ mir eine Ampulle Ihres ausgezeichneten Serums geben. Sie waren unglücklicherweise nicht da.

RIDGEON Ich hoffe, man hat es Ihnen genau erklärt –

B. B. *weist diese Zumutung zurück:* Du lieber Himmel, teurer Freund, ich brauchte keine Erklärungen. Meine Frau wartete draußen im Wagen, und ich hatte keine Zeit, mich von Ihren jungen Kollegen belehren zu lassen. Ich weiß alles darüber. Ich bin mit diesen Antitoxinen umgegangen, seit es sie gibt.

RIDGEON Aber es handelt sich nicht um Antitoxine, und das Serum ist gefährlich, wenn es nicht zum richtigen Zeitpunkt angewandt wird.

B. B. Natürlich ist es das. Alles ist gefährlich, was nicht zum richtigen Zeitpunkt geschieht. Ein Apfel zum Frühstück bekommt mir, ein Apfel vorm Schlafengehen macht mich für eine Woche krank. Es gibt nur zwei Regeln für Antitoxine. Erstens, fürchte dich nicht vor ihnen, zweitens, injiziere eine Viertelstunde vor den Mahlzeiten, dreimal am Tag.

RIDGEON *entsetzt:* Großer Gott, B. B., aber nein, nein.

B. B. *unbeirrt:* Doch, doch, doch, Colly. Probieren geht über studieren, wie Sie wissen. Es war ein ungeheurer Erfolg. Ich habe ein Wunder an dem kleinen Prinzen vollbracht. Seine Temperatur stieg, ich steckte ihn ins Bett, und in einer Woche war alles wieder in Ordnung, und jetzt ist er für den Rest seines Lebens absolut immun gegen Tuberkulose. Die Familie war überglücklich, ihre Dankbarkeit geradezu rührend, aber ich sagte, sie hätten es Ihnen zu verdanken, Ridgeon, und ich freue mich bei dem Gedanken, daß Ihre Erhebung in den Ritterstand das Resultat davon ist.

RIDGEON Ich bin Ihnen zutiefst verpflichtet. *Er ist überwältigt und sinkt auf den Stuhl in der Nähe des Sofas.*

B. B. Durchaus nicht, durchaus nicht. Es ist Ihr Verdienst. Sicher, sicher, sicher. Lassen Sie sich nicht gehn.

RIDGEON Es ist nichts weiter. Mir wurde schwindlig. Ich bin wahrscheinlich überarbeitet.

WALPOLE Blutvergiftung.

B. B. Überarbeitet! Das gibt es nicht. Ich arbeite für zehn. Wird mir schwindlig? Nein, nein. Wenn Sie sich nicht wohlfühlen, sind Sie krank. Es kann was Leichtes sein, aber es ist eine Krankheit. Und was ist eine Krankheit? Die systematische Ansammlung krankheitserregender Bazillen und deren rasche Vermehrung. Was ist das Heilmittel? Ein sehr einfaches. Finde den Bazillus und vernichte ihn.

SIR PATRICK Und wenn kein Bazillus da ist?

B. B. Unmöglich, Sir Patrick. Es muß einer dasein. Wie könnte der Patient sonst krank sein?

SIR PATRICK Können Sie mir einen Bazillus nachweisen, der für das Überarbeitetsein verantwortlich ist?

B. B. Nein. Und warum? Warum nicht? Weil, mein lieber Sir Patrick, alle Bazillen, die vorhandenen und die nicht vorhandenen, unsichtbar sind. Die Natur hat ihnen kein Warnzeichen für uns gegeben. Diese Bazillen – diese Bakterien – sind durchscheinende Körper, wie Glas oder wie Wasser. Um sie sichtbar zu machen, muß man sie färben. Nun, mein lieber Paddy, machen Sie, was Sie wollen, aber einige von ihnen nehmen keine Farbe an. Weder Karminrot noch Methylenblau, noch Enzianviolett, sie lassen sich auf keine Weise färben. Die Konsequenz ist, daß wir sie nicht sehen, obwohl wir wissen, als Wissenschaftler, daß auch sie existieren. Oder wie wollen Sie beweisen, daß sie nicht existieren? Können Sie sich vorstellen, es gibt Krankheiten ohne Bazillen? Können Sie mir zum Beispiel einen Fall von Diphtherie ohne Erreger nachweisen?

SIR PATRICK Nein, aber ich weise Ihnen denselben Erreger ohne Krankheit nach, in Ihrem eigenen Hals.

B. B. Nein, nicht denselben, Sir Patrick. Sie sind völlig verschiedenartig, nur gleichen sie sich unglücklicherweise so haargenau, daß man den Unterschied nicht erkennt. Sie müssen verstehen, mein lieber Sir Patrick, daß jedes einzelne dieser kleinen Lebewesen einen Nachahmer hat. Genau wie Menschen einander nachahmen, ahmen Bazillen einander nach. Es gibt den echten Diphtheriebazillus, den Loeffler entdeckt hat, und es gibt den Pseudobazillus, der genauso aussieht und den Sie, wie Sie sagen, in meinem Hals finden können.

SIR PATRICK Und wie unterscheiden Sie den einen vom andern?

B. B. Das ist doch klar. Beim echten Loeffler haben Sie Diphtherie, und mit dem anderen sind Sie gesund. Nichts ist einfacher. Wissenschaft ist immer einfach und immer gründlich. Nur die Halbwahrheiten sind gefährlich. Unwissende Schwärmer greifen ein paar oberflächliche Erfahrungen mit Bakterien heraus, schreiben darüber in Zeitschriften und bringen die Wissenschaft in Mißkredit. Sie führen viele redliche und ehrenwerte Leute hinters Licht. Aber die Wissenschaft hat dafür eine in jeder Hinsicht passende Antwort bereit: Ein Klügling wird sich, sich selbst zum Schaden, weise dünken. Man muß den Musenquell nicht kosten, sondern trinken. Ich habe durchaus Respekt vor Ihrer Generation, Sir Patrick. So mancher alte Praktiker hat Wunder gewirkt durch bloßen fachmännischen Blick und klinische Erfahrung, aber wenn ich an den

94

Durchschnittsmann jener Tage denke, der, unwissend wie er war, zur Ader ließ und schnitt und purgierte und seinen Patienten mit Bazillen aus Kleidern und Instrumenten überschüttete, und dagegen die Sicherheit und Einfachheit meiner Behandlung sehe, wie neulich bei dem kleinen Prinzen, da kann ich mir nicht helfen, da bin ich stolz auf meine eigene Generation: diese Männer, an der Bakterientheorie geschult, die Veteranen des großen Kampfes für die Evolution! Wir mögen unsre Fehler haben. Aber wir sind zumindest Männer der Wissenschaft. Und darum habe ich Ihre Behandlungsmethode übernommen, Ridgeon, und werde sie vorantreiben. Sie ist wissenschaftlich. *Er setzt sich auf den Stuhl in der Nähe des Sofas.*

EMMY *in der Tür:* Dr. Blenkinsop. *Sie geht.*

Dr. Blenkinsop tritt ein. Er unterscheidet sich sehr von den anderen. Er ist offensichtlich kein erfolgreicher Mann. Er ist schäbig gekleidet und schlecht ernährt. Er begrüßt seine wohlhabenden Kollegen als deren Altersgenosse und Mitarbeiter, obwohl er gegen die Verlegenheit des Ärmeren und dessen Ausgestoßensein ankämpfen muß.

RIDGEON Wie geht es Ihnen, Blenkinsop?

BLENKINSOP Ich bin gekommen, Ihnen meine ergebensten Glückwünsche auszusprechen. Oh Gott! Alle Größen sind hier versammelt.

B. B. *gönnerhaft, aber freundlich:* Was machen Sie, Blenkinsop? Wie geht's?

BLENKINSOP Und sogar Sir Patrick.

Sir Patrick brummt.

RIDGEON Sie kennen doch Walpole?

WALPOLE Guten Tag.

BLENKINSOP Ich hatte noch nicht die Ehre. In meiner kleinen Praxis habe ich keine Gelegenheit, großen Männern zu begegnen. Ich kenne niemand, außer den Ärzten aus meiner Klinikzeit. *Zu Ridgeon:* Sie sind also jetzt Sir Colenso. Wie fühlt man sich da?

RIDGEON Etwas lächerlich zunächst. Aber lassen wir das.

BLENKINSOP Ich muß zu meiner Schande gestehen, daß ich
keine Ahnung habe, woraus Ihre große Entdeckung besteht, aber ich gratuliere Ihnen trotzdem im Hinblick auf
die alten Zeiten.

B. B. *schockiert:* Aber, mein lieber Blenkinsop. Sie waren
doch früher ziemlich interessiert an der Wissenschaft.

BLENKINSOP Ach, früher habe ich mich für viele Dinge interessiert. Früher besaß ich auch zwei oder drei anständige
Anzüge und andere Kleidung, in der ich sonntags rudern
ging. Sehen Sie mich jetzt an. Das ist mein bester Anzug,
und er muß bis Weihnachten halten. Was soll ich machen?
Ich habe, seit ich vor dreißig Jahren promovierte, kein
Buch mehr aufgeschlagen. Zuerst las ich noch medizinische Zeitschriften, aber Sie wissen ja, wie schnell man das
aufgibt. Und im Grunde handelt es sich dabei doch meist
um Geschäftsberichte und Anzeigen. Ich habe all mein
Wissen vergessen. Warum soll ich es leugnen? Aber ich
habe große Erfahrung, klinische Erfahrung. Und Kranken-
betterfahrung ist doch die Hauptsache, finden Sie nicht?

B. B. Ohne Zweifel. Immer vorausgesetzt, verstehen Sie, Sie
haben eine intakte wissenschaftliche Theorie, um die Be-
obachtungen am Krankenbett zu korrigieren. Bloße Erfahrung an sich ist nichts. Wenn ich meinen Hund mit ans
Krankenbett nehme, sieht er, was ich sehe. Aber er lernt
nichts daraus. Warum? Weil er kein wissenschaftlich gebil-
deter Hund ist.

WALPOLE Es belustigt mich, euch Internisten und praktische
Ärzte über klinische Erfahrung reden zu hören. Was sehen
Sie am Krankenbett anders als die Oberfläche des Patienten? Nun, nicht die Oberfläche ist krank, ausgenommen
vielleicht in Fällen von Hautkrankheit. Was nottut, ist
eine genaue Kenntnis des inneren Menschen, und die kann
man nur am Operationstisch gewinnen. Ich weiß, was ich
sage. Ich bin seit zwanzig Jahren Chirurg und Gutachter,
und ich habe bis jetzt noch keinen praktischen Arzt kennengelernt, dessen Diagnose gestimmt hätte. Selbst bei

einem ganz einfachen Fall wird er Krebs und Arthritis und Appendicitis oder irgendeine andere Itis feststellen, während jeder wirklich erfahrene Chirurg sofort sieht, daß es sich um einen gewöhnlichen Fall von Blutvergiftung handelt.

BLENKINSOP Sie haben gut reden. Aber was würden Sie sagen, wenn Sie meine Praxis hätten? Außer den Arbeiterorganisationen sind meine Patienten alle kleine Angestellte und Verkäufer. Die dürfen nicht krank sein, sie können es sich nicht leisten. Und wenn sie zusammenbrechen, was kann ich für sie tun? *Sie* schicken Ihre Patienten nach St. Moritz oder nach Ägypten, *Sie* verschreiben eine sechsmonatige Luftveränderung und Ruhe. Ich könnte meinen Patienten ebensogut ein Luftschloß verordnen. Und das schlimmste ist, ich bin selber zu arm, um gesund zu bleiben, bei der Ernährung, auf die ich angewiesen bin. Ich fühle mich dermaßen elend, und ich seh auch danach aus. Wer soll da noch Vertrauen zu mir haben? *Er setzt sich deprimiert aufs Sofa.*

RIDGEON *unruhig:* Nicht doch, Blenkinsop. Das ist zu quälend. Nichts ist tragischer als ein kranker Arzt.

WALPOLE Bei Gott, das stimmt. Es gleicht einem Kahlköpfigen, der versucht, ein Haarwuchsmittel zu verkaufen. Ich bin Gott sei Dank Chirurg!

B. B. *strahlend:* Ich bin nie krank. Ich bin in meinem Leben noch keinen Tag krank gewesen. Deswegen habe ich soviel Mitgefühl mit meinen Patienten.

WALPOLE *interessiert:* Was! Sie sind nie krank!

B. B. Nie.

WALPOLE Das ist interessant. Dann haben Sie auch keinen Parabeutel. Wenn Sie sich jemals unpäßlich fühlen sollten, würde ich sehr gerne nachsehen.

B. B. Danke, danke, mein Lieber. Aber ich habe schon so genug zu tun.

RIDGEON Gerade als Sie hereinkamen, Blenkinsop, erzählte ich, daß ich vor Überarbeitung völlig aus dem Geleise bin.

BLENKINSOP Wenn Sie meinen bescheidenen Rat annehmen wollen – ich habe da ziemlich Erfahrung. Ich würde Ihnen ein Pfund reife Renekloden täglich eine halbe Stunde vor dem Mittagessen empfehlen. Das wird Ihnen bestimmt helfen. Sie sind jetzt sehr billig.

RIDGEON Was sagen Sie dazu, B. B.?

B. B. *ermutigt ihn:* Sehr vernünftig, Blenkinsop, wirklich sehr vernünftig. Es freut mich zu hören, daß Sie ein Gegner von Medikamenten sind.

Sir Patrick brummt.

Aha! Haha! Hab ich da im Sessel am Kamin das Wauwau der alten Schule gehört, die ihre Medizin verteidigt? Glauben Sie mir, Paddy, die Welt wäre gesünder, wenn alle Apotheken in England niedergerissen würden. Lesen Sie die Zeitungen! Eine Fülle von skandalösen Anzeigen aller möglichen Mittel! Ein riesiges Werbesystem für Quacksalberei und Gifte. Und wer ist schuld daran? Wir. Ich sage, wir. Wir haben das Beispiel gegeben. Wir haben den Aberglauben verbreitet. Wir lehrten die Leute, an die Medizinflasche des Doktors zu glauben, und jetzt kaufen sie sich das Zeug selber, anstatt einen Arzt aufzusuchen.

WALPOLE Das ist wahr. Ich habe seit fünfzehn Jahren keine Medikamente mehr verschrieben.

B. B. Diese chemischen Präparate bekämpfen nur die Symptome, sie können das Übel nicht ausrotten. Die einzigen Heilmittel für alle Leiden hat die Natur. Natur und Wissenschaft gehen zusammen, Sir Patrick, glauben Sie mir. Die Natur hat in den weißen Blutkörperchen, wie Sie sie nennen – den Phagozyten, wie wir sie nennen –, ein natürliches Mittel hervorgebracht, um alle Krankheitskeime zu zerstören und zu vernichten. Es gibt im Grunde nur eine streng wissenschaftliche Methode der Behandlung für alle Krankheiten, und das ist, die Bildung der Phagozyten anzuregen. Die Phagozyten also zu vermehren. Die anderen Mittel und Mittelchen führen uns in die Irre. Finde den Erreger der Krankheit, präpariere aus ihm ein verträgliches

Antitoxin, injiziere dreimal am Tag eine Viertelstunde vor jeder Mahlzeit, und was ist das Resultat? Die Phagozyten sind angeregt, sie verzehren die Ursache, und der Patient erholt sich – außer, natürlich, wenn es zu spät ist. Das ist, wie ich es sehe, auch das Wesentliche an Ridgeons Entdeckung.

SIR PATRICK *verträumt:* So wahr ich hier sitze, mir ist, als hörte ich meinen armen alten Vater wieder sprechen.

B. B. *steht auf, erstaunt:* Ihr Vater! Aber Gott behüte, Paddy, Ihr Vater muß doch älter sein als Sie.

SIR PATRICK Fast Wort für Wort sagte er, was Sie sagen. Keine Pulver und Pülverchen mehr. Nur noch impfen.

B. B. *fast geringschätzig:* Impfen? Meinen Sie die Pockenimpfung?

SIR PATRICK Im vertrauten Familienkreis pflegte mein Vaer zu erklären, er sei überzeugt, daß die Pockenimpfung nicht nur bei Pocken wirke, sondern bei jeder Art von Fieberkrankheit.

B. B. *nimmt plötzlich den neuen Gedanken mit ungeheurem Interesse auf:* Was! Ridgeon, haben Sie das gehört? Sir Patrick, ich bin durch das, was Sie eben gesagt haben, mehr betroffen, als ich ausdrücken kann. Ihr Vater hat eine meiner eigenen Entdeckungen vorweggenommen. Hören Sie zu. Es wird Sie alle brennend interessieren. Ein Zufall hat mich auf die richtige Fährte gebracht. Ich hatte in der Klinik Bett an Bett einen Fall von Typhus und einen Fall von Wundstarrkrampf, einen Küster und einen Stadtmissionar. Überlegen Sie mal, was das für die armen Kerle bedeutete! Kann ein Küster sich mit Typhus im Leib würdig benehmen? Kann ein Missionar beredsam sein mit einem Kaumuskelkrampf? Nein. Nein. Ich lege mir also eine Ampulle mit Typhusantitoxin und eine Ampulle mit Antitetanusserum zurecht. Aber mein Missionar wirft bei einem seiner Anfälle den Tisch um, und als alles wieder an Ort und Stelle liegt, verwechsle ich die Ampullen, so daß ich dem Typhuskranken eine Spritze gegen Wundstarrkrampf gebe und dem Tetanuskranken eine gegen Typhus. *Die Ärzte sehen bestürzt drein. B. B., ungedämpft, lächelt triumphierend.*

Und sie wurden gesund. Sie wurden tatsächlich gesund. Abgesehen von einem leisen Anflug von Veitstanz, geht es dem Missionar heute so gut wie vorher, und der Küster ist zehnmal der Mann, der er war.

BLENKINSOP Ich habe ähnliche Fälle erlebt. Sie sind nicht zu erklären.

B. B. *streng:* Blenkinsop, es gibt nichts, was die Wissenschaft nicht erklären kann. Was hab ich gemacht? Hab ich die Hände in den Schoß gelegt und mich damit getröstet, daß es in diesem Fall keine Erklärung gibt? Im Gegenteil. Ich habe mich hingesetzt und mir den Kopf zerbrochen. Ich habe den Fall nach wissenschaftlichen Prinzipien durchdacht. Ich fragte mich, warum starb der Missionar nicht, wo er doch Wundstarrkrampf hatte und noch dazu Typhus bekam, und der Küster nicht, der Typhus hatte und noch dazu Wundstarrkrampf bekam? Das ist ein Problem für Sie, Ridgeon. Denken Sie nach, Sir Patrick. Überlegen Sie, Blenkinsop. Betrachten Sie es ohne Vorurteile, Walpole. Was ist die eigentliche Aufgabe der Antitoxine? Die Phagozyten zu stimulieren. Sehr gut. Und was für eine Rolle spielt es, welche Art von Serum wir für diesen Zweck verwenden, sofern das unser Hauptziel ist? Haha! Was? Begreifen Sie? Haben Sie's jetzt kapiert? Seitdem gebrauche ich alle Arten von Antitoxinen absolut unterschiedslos und mit vollkommen zufriedenstellenden Ergebnissen. Ich habe bei dem kleinen Prinzen Ihr Serum verwendet, Ridgeon, weil ich Ihnen helfen wollte. Aber schon zwei Jahre vorher unternahm ich den Versuch, einen Scharlachkranken mit einer Probe von Tollwutserum aus dem Pasteur-Institut zu behandeln, und es sprach großartig an. Es stimulierte die Phagozyten, und die Phagozyten taten ihre Pflicht. Aus demselben Grund war Sir Patricks Vater der Überzeugung, daß die Impfung sämtliche Fieberkrankheiten heile. Sie regt die Bildung der weißen Blutkörper an. *Er setzt sich hin, erschöpft von der Beweisführung, und blickt triumphierend um sich.*

EMMY *in der Tür:* Dr. Walpole, Ihr Auto ist da, und die Pferde von Sir Patrick scheuen davor. Kommen Sie schnell.

WALPOLE *steht auf:* Auf Wiedersehen, Ridgeon.

RIDGEON Wiedersehn. Und vielen Dank.

B. B. Ist Ihnen mein Standpunkt klar, Walpole?

EMMY Er kann nicht warten, Sir Ralph. Die Pferde gehen durch, wenn er nicht abfährt.

WALPOLE Ich komme schon. *Zu B. B.:* Ihre Beweisführung zieht nicht. Die Tätigkeit der Phagozyten ist blanker Unsinn. Das sind alles Fälle von Blutvergiftung, und wirklich helfen kann nur das Messer. Wiedersehn allerseits. Hat mich sehr gefreut, Blenkinsop. Also los, Emmy.

Er geht hinaus, Emmy folgt ihm.

B. B. *betrübt:* Walpole hat keinen Verstand. Er ist nur Chirurg. Ein glänzender zwar, aber was ist schon Operieren? Bloß eine Handarbeit. Der Kopf – das Gehirn muß Herr der Situation bleiben. Sein Paradingsda ist völliger Nonsens, es gibt kein solches Organ. Es ist nichts als ein unwesentlicher Hautlappen, der höchstens bei zweieinhalb Prozent der Bevölkerung vorkommt. Natürlich freue ich mich für Walpole, daß seine Operationen in Mode gekommen sind. Er ist ja ein netter Kerl, und wie ich allen Leuten immer wieder erzähle, kann so eine Operation niemandem schaden. Tatsächlich habe ich schon erlebt, daß die ganze Aufregung und die anschließenden vierzehn Tage Bettruhe manchen Leuten, die eine anstrengende Londoner Saison hinter sich haben, sehr gut tun. Trotzdem ist das Ganze ein abscheulicher Betrug. *Steht auf.* Aber ich muß weiter. Wiedersehn, Paddy.

Sir Patrick brummt.

Wiedersehn, Wiedersehn. Wiedersehn, mein lieber Blenkinsop, Wiedersehn! Wiedersehn, Ridgeon. Machen Sie sich keine Sorgen um Ihre Gesundheit. Ein bißchen Quecksilber für die Leber, das kann nie schaden. Wenn Sie sich unruhig fühlen, versuchen Sie es mit Brom. Wenn das nicht hilft, irgendein Anregungsmittel, Sie wissen schon, etwas Phosphor und Strychnin. Und wenn Sie nicht schlafen können, Trional, Trional, Trion –

SIR PATRICK *trocken:* Keine Medikamente, Colly, denken Sie dran.

B. B. *standhaft:* Gewiß doch. Sehr richtig, Sir Patrick. Als gelegentlichen Notbehelf, natürlich, aber als Behandlung, nein, nein. Meiden Sie die Apotheke und die Chemie, mein lieber Ridgeon, was immer Sie tun.

RIDGEON *begleitet ihn zur Tür:* Das werd ich. Und danke für den Ritterschlag. Alles Gute.

B. B. *hält an der Tür und zwinkert mit den Augen:* Übrigens, was ist das für eine Patientin?

RIDGEON Wer?

B. B. Unten. Eine charmante Frau. Ihr Mann hat Tuberkulose.

RIDGEON Ist sie noch immer da?

EMMY *in der Tür:* Kommen Sie, Sir Ralph. Ihre Frau wartet im Wagen.

B. B. *plötzlich ernüchtert:* Oh! Wiedersehen. *Er stürzt hinaus.*

RIDGEON Emmy, die Frau ist also noch da? Dann sagen Sie ihr ein für allemal, ich kann und ich will sie nicht sehn. Hören Sie?

EMMY Sie hat keine Eile. Ist ihr egal, wie lange sie warten muß. *Sie geht.*

BLENKINSOP Ich muß auch gehn. Ich kann meine Praxis nicht so lange allein lassen. Auf Wiedersehen, Sir Patrick.

SIR PATRICK Wiedersehn, Wiedersehn.

RIDGEON Wir könnten mal zusammen essen gehen, noch diese Woche.

BLENKINSOP Kann ich mir nicht leisten, mein Lieber. Dann hätte ich eine Woche lang nichts zu essen. Trotzdem vielen Dank.

RIDGEON *beunruhigt über seine Armut:* Kann ich nichts für
Sie tun?

BLENKINSOP Wenn Sie mal einen alten Anzug übrig hätten?
Sehen Sie, was für Sie alt ist, wär für mich noch wie neu.
Vielleicht finden Sie etwas, was Sie ausrangieren können.
Wiedersehn. *Er eilt hinaus.*

RIDGEON *sieht ihm nach:* Armer Kerl! *Zu Sir Patrick:* Jetzt
weiß ich also, warum man mich zum Ritter geschlagen hat!
Und so sieht unser Beruf eigentlich aus!

SIR PATRICK Trotzdem ein sehr schöner Beruf, mein Junge.
Wenn Sie die Ignoranz und den Aberglauben unserer
Patienten so gut kennen würden wie ich, wäre es für Sie
schon verwunderlich, wenn wir nur halb so gut wären, wie
wir sind.

RIDGEON Das ist kein Beruf, das ist eine Verschwörung.

SIR PATRICK Alle Berufe sind Verschwörungen gegen den
Laien. Und wir können nicht alle so genial sein wie Sie.
Jeder Narr kann krank werden, aber nicht jeder Narr ist
ein guter Arzt. So viele gute gibt es gar nicht. Aber wer
weiß, vielleicht bringt Bloomfield Bonington weniger
Leute um als Sie.

RIDGEON Schon möglich. Aber es wäre doch seine Pflicht,
den Unterschied zwischen einem Impfstoff und einem Antitoxin zu kennen. Die Phagozyten anregen! Der Impfstoff
hat auf die weißen Blutkörper überhaupt keinen Einfluß.
Bonington hat vollkommen unrecht. Hoffnungslos, gefährlich unrecht. Ihm eine Ampulle mit Serum in die Hand
zu geben, ist Mord, glatter Mord.

EMMY *in der Tür:* Was ist, Sir Patrick. Wie lange soll der
Kutscher die Pferde noch beruhigen?

SIR PATRICK Was geht Sie das an, Sie alte Kratzbürste.

EMMY Langsam, immer langsam! Lassen Sie Ihre Launen
nicht an mir aus. Außerdem ist es Zeit, daß Colly anfängt
zu arbeiten.

RIDGEON Benehmen Sie sich, Emmy. Verschwinden Sie.

EMMY Ich konnte mich schon benehmen, bevor ich es Ihnen

beigebracht habe. Ich kenne die Doktoren. Sitzen zusammen und reden übereinander, statt sich um ihre armen Patienten zu kümmern. Und ich kenne auch die Pferde, Sir Patrick. Ich bin auf dem Land aufgewachsen. Seien Sie so gut und kommen Sie.

SIR PATRICK *steht auf:* Also gut, gut, schon gut. Wiedersehn, Colly. *Er klopft Ridgeon auf die Schulter, geht, bleibt stehn und sieht Emmy an:* Sie sind wahrhaftig eine häßliche alte Hexe, da gibt es keinen Zweifel. *Er geht hinaus.*

EMMY *entrüstet, schreit hinter ihm her:* Sie sind auch keine Schönheit. *Zu Ridgeon, aufgeregt:* Die haben kein Benehmen. Die bilden sich ein, sie können mir sagen, was sie wollen. Und Sie hetzen sie auch noch auf. Denen werd ich's zeigen. Und Ihnen auch. Wollen Sie jetzt mit dem armen Ding da draußen sprechen oder nicht?

RIDGEON Ich sage Ihnen zum fünfzigsten Mal, daß es zwecklos ist. Schicken Sie sie weg.

EMMY Ich bin es leid, immer wieder dasselbe zu hören. Was hat sie denn davon, wenn ich sie wegschicke?

RIDGEON Soll ich böse werden, Emmy?

EMMY *schmeichelnd:* Nicht doch. Also, nur eine Minute, mir zuliebe. Seien Sie so gut. Sie hat mir eine halbe Krone gegeben. Sie glaubt, es bedeutet Leben oder Tod für Ihren Mann, ob sie mit Ihnen spricht oder nicht.

RIDGEON Sie schätzt das Leben ihres Mannes auf eine halbe Krone?

EMMY Das ist eben alles, was sie aufbringen kann, die Arme. Es gibt ja auch gewisse Weiber, die zahlen das Vierfache, nur um sich mit Ihnen über sich selber unterhalten zu können. Aber *die* Frau, die wird Ihnen die richtige Stimmung für heute geben, weil es eine gute Tat ist, wenn Sie sie anhören, und außerdem ist sie von genau der Art, die Sie mögen.

RIDGEON Nun, sie hat es ja nicht schlecht getroffen. Sie hat Sir Ralph Bloomfield Bonington und Cutler Walpole konsultiert, das heißt, viel Geld gespart, gleich zu Anfang. Hinzu kommt noch der Rat von Blenkinsop, wie ich vermute, der allerdings weniger gekostet hätte.

EMMY Dann darf sie mir zuliebe raufkommen?

RIDGEON Meinetwegen, und scheren Sie sich zum Teufel.

Emmy geht zufrieden hinaus.

Redpenny!

REDPENNY *in der Tür:* Ja bitte?

RIDGEON Da kommt eine Patientin. Wenn sie in zehn Minuten nicht gegangen ist, melden Sie mir einen dringenden Anruf aus der Klinik, irgendwas, damit sie geht.

REDPENNY In Ordnung! *Er verschwindet.*

Ridgeon geht an den Spiegel und rückt sich den Schlips zurecht.

EMMY *in der Tür:* Mrs. Doobidat.

Ridgeon verläßt den Spiegel und geht an den Schreibtisch. Mrs. Dubedat kommt herein. Emmy geht und schließt die Tür. Ridgeon, der eine unnahbare und ziemlich abweisende amtliche Miene aufgesetzt hat, bietet ihr, mit einer Geste, Platz auf dem Sofa an. Jennifer Dubedat ist eine anziehende, gutaussehende Frau. Graziös und von ganz natürlicher Anmut, zugleich aber auch elegant und würdevoll. Ridgeon, auf den schöne Frauen außerordentlichen Eindruck machen, fühlt sich sofort instinktiv in die Verteidigung gedrängt, und sein Benehmen wird noch kühler. Er hat den Eindruck, daß sie teuer gekleidet ist, aber an ihrer Figur würde jedes Kleid gut aussehen, und sie hält sich mit der unaffektierten Vornehmheit einer Frau, die nie in ihrem Leben unter Zweifeln und Ängsten im Hinblick auf ihre soziale Stellung gelitten hat. Sie ist groß, schlank und kräftig, hat dunkles Haar und trägt es ungekünstelt, nicht wie ein Vogelnest oder eine Clownsperücke. Sie hat auffallend schmale Augen mit dunklen Wimpern, die ihren Gesichtsausdruck merkwürdig verändern, wenn sie erregt ist und die Augen weit aufreißt. Sie spricht mit sanfter Leidenschaft, bewegt sich rasch und befindet sich in tödlicher

Angst. Sie hat eine Mappe bei sich.

JENNIFER *leise und eindringlich:* Doktor –

RIDGEON *kurz angebunden:* Warten Sie. Bevor Sie beginnen, muß ich Ihnen sofort sagen, daß ich nichts für Sie tun kann. Mir sind die Hände gebunden. Ich hatte Ihnen das schon durch meine alte Wirtschafterin sagen lassen. Sie waren mit der Antwort nicht zufrieden.

JENNIFER Wie konnte ich das?

RIDGEON Sie haben sie bestochen.

JENNIFER Ich –

RIDGEON Egal. Sie hat mich überredet, Sie zu empfangen. Nun, ich kann nur wiederholen, daß es mir beim besten Willen nicht möglich ist, einen neuen Fall zu übernehmen.

JENNIFER Doktor, Sie müssen meinen Mann retten. Sie müssen. Wenn ich es Ihnen erkläre, werden Sie sehn, daß Sie müssen. Er ist kein gewöhnlicher Fall, kein Fall wie jeder andere. Wie ihn gibt es niemand mehr auf der ganzen Welt, oh, glauben Sie mir, nicht einen. Ich kann es Ihnen beweisen. *Greift in die Mappe.* Ich habe ein paar Sachen mitgebracht, die ich Ihnen zeigen möchte. Und Sie können ihn retten. Es steht in allen Zeitungen.

RIDGEON Was fehlt ihm denn? Tuberkulose?

JENNIFER Ja. Der linke Lungenflügel –

RIDGEON Gut. Sie brauchen nichts weiter zu sagen.

JENNIFER Und Sie könnten ihn heilen, wenn Sie nur wollen. Es ist doch so, oder? *In großer Qual:* Bitte, sagen Sie es mir, bitte.

RIDGEON *warnend:* Sie werden ruhig bleiben und sich beherrschen, nicht wahr?

JENNIFER Ja. Ich bitte um Entschuldigung. Ich weiß, ich sollte nicht – *Läßt sich wieder gehn:* Aber bitte, sagen Sie, daß Sie es können, dann werde ich ruhig sein.

RIDGEON *mürrisch:* Ich bin kein Wunderdoktor. *Schämt sich für den Ton der eigenen Stimme und beherrscht sich:* Aber ich habe in der Klinik zehn Tuberkulosepatienten, deren Leben ich retten kann, wie ich glaube.

106

JENNIFER Gott sei Dank!

RIDGEON Einen Augenblick. Versuchen Sie sich vorzustellen, daß diese zehn Patienten zehn Schiffbrüchige auf einem Floß sind – ein Floß, das gerade groß genug für sie ist – das nicht einen einzigen mehr tragen kann. Nun taucht aus den Wellen ein anderer Mensch auf. Er bittet um Aufnahme. Er beschwört den Kapitän des Floßes, ihn zu retten. Aber der Kapitän, wenn er dem Neuankömmling Platz machen will, kann nur einen anderen dafür vom Floß ins Meer stoßen und ihn ertrinken lassen. Das ist es, um was Sie mich bitten.

JENNIFER Aber wie kann das sein? Ich versteh nicht. Sicherlich –

RIDGEON Ich gebe Ihnen mein Wort, daß es so ist. Mein Labor, meine Assistenten und ich selber, wir sind völlig ausgelastet. Wir tun unser möglichstes. Die Behandlung ist neu. Sie kostet Zeit, erfordert Mittel und Fähigkeiten, und es bleibt nichts übrig für einen weiteren Fall. Unsre zehn Fälle sind bereits ausgewählte Fälle. Verstehen Sie, was ich mit ausgewählt meine?

JENNIFER Ausgewählt. Nein. Das kann ich nicht verstehen.

RIDGEON *streng:* Sie müssen es verstehn. Strengen Sie sich an, zu begreifen und dem ins Auge zu sehn. Bei jedem einzelnen dieser zehn Fälle hatte ich zu überlegen, nicht nur, ob der Mensch gerettet werden kann, sondern auch, ob er wert ist, gerettet zu werden. Unter fünfzig Fällen war zu wählen, das hieß, vierzig Menschen zum Tode zu verurteilen. Manche von diesen vierzig hatten junge Frauen und hilflose Kinder. Wenn die Härte ihrer Fälle sie hätte retten können, sie wären zehnmal gerettet worden. Ich zweifle nicht, daß Ihr Fall hart ist. Ich sehe die Tränen in Ihren Augen.

Mrs. Dubedat wischt sich hastig über die Augen.

Ich weiß, daß Sie eine Flut von Bitten für mich bereit haben, wenn ich aufhöre zu sprechen, aber es nützt nichts. Sie müssen zu einem anderen Arzt gehen.

JENNIFER Und wissen Sie einen anderen Arzt, der Ihr Geheimnis versteht?

RIDGEON Ich habe kein Geheimnis. Ich bin kein Quacksalber.

JENNIFER Entschuldigen Sie. Ich wollte nichts Falsches sagen. Ich weiß nicht, wie ich mit Ihnen sprechen soll. Bitte, seien Sie nicht böse.

RIDGEON Ach wo! Macht nichts. *Er mäßigt sich und setzt sich hin.*
Ich rede Unsinn. Ich bin ein Quacksalber, ein Quacksalber mit Qualifikationen. Aber meine Entdeckung ist nicht gesetzlich geschützt.

JENNIFER Dann kann also jeder Doktor meinen Mann heilen? Und warum tut es keiner? Ich habe es bei vielen versucht. Ich habe soviel ausgegeben. Können Sie mir wenigstens den Namen eines solchen Arztes nennen?

RIDGEON Hier in der Straße sind lauter Ärzte, einer neben dem anderen. Aber außer mir und den paar Leuten, die ich in der Klinik anleite, beherrscht kein Mensch die Opsoninbehandlung. Und wir sind vollauf beschäftigt. Es tut mir leid, aber mehr kann ich nicht sagen. *Steht auf.* Guten Morgen.

JENNIFER *nimmt plötzlich verzweifelt einige Zeichnungen aus der Mappe:* Doktor, sehen Sie. Sie verstehen etwas davon. Sie haben gute Bilder im Wartezimmer. Sehen Sie sich die an. Sie sind von ihm.

RIDGEON Ob ich sie ansehe oder nicht – *Er sieht trotzdem hin:* Oho! *Er nimmt ein Blatt und geht damit zum Fenster.* Ja, das ist schon was. Donnerwetter. *Er sieht sich weitere Blätter an.* Das ist äußerst begabt. Noch nicht ganz fertig, stimmt's?

JENNIFER Er wird so schnell müde. Aber sehen Sie nicht, was für ein Genie er ist? Sie verstehen doch, er ist wert, gerettet zu werden. Auch deshalb hab ich ihn geheiratet, um ihm zu helfen. Ich hatte Geld, um ihm über die harten Anfangsjahre hinwegzuhelfen – ihm zu ermöglichen, seiner Eingebung zu folgen, bis man ihn öffentlich anerkennt. Und ich war sein Modell. Die Bilder haben sich gut verkauft.

RIDGEON Haben Sie eins dabei?

JENNIFER *nimmt ein Blatt aus der Mappe:* Nur dieses eine. Es war das erste.

RIDGEON *starrt es an:* Das ist ein herrliches Bild. Warum steht Jennifer darunter?

JENNIFER Ich heiße Jennifer.

RIDGEON Ein seltener Name.

JENNIFER Nicht in Cornwall. Ich bin aus Cornwall. Hier sagt man Guinevere.

RIDGEON *wiederholt die Namen andächtig:* Guinevere. Jennifer. *Blickt wieder auf das Bild.* Ja, es ist wirklich wundervoll. Verzeihung, aber darf ich fragen, ob es zu verkaufen ist? Ich würde es nehmen.

JENNIFER Ja, nehmen Sie es. Es gehört mir. Er hat es mir geschenkt. Behalten Sie es. Nehmen Sie alle. Nehmen Sie alles, sagen Sie nur, was Sie wollen, aber retten Sie ihn. Sie können es, Sie werden es und Sie müssen es.

REDPENNY *kommt herein und spielt den Beunruhigten:* Ein Anruf von der Klinik, Sie müssen sofort kommen – ein Patient liegt im Sterben. Der Wagen wartet.

RIDGEON *ärgerlich:* Ach Unsinn, verschwinden Sie. *Schimpft:* Was bilden Sie sich ein, mich jetzt zu unterbrechen?

REDPENNY Aber –

RIDGEON Halten Sie den Mund! Sehen Sie nicht, daß ich beschäftigt bin? Raus mit Ihnen. *Redpenny ist verblüfft und verschwindet.*

JENNIFER *steht auf:* Doktor. Einen Augenblick noch, bevor Sie gehn –

RIDGEON Bleiben Sie sitzen. Es ist nichts.

JENNIFER Aber der Patient. Er liegt doch im Sterben.

RIDGEON Inzwischen ist er tot. Denken Sie nicht mehr dran. Setzen Sie sich.

JENNIFER *setzt sich und bricht aus:* Nicht dran denken.

Nichts und niemand kümmert Sie. Sie sehen ja jeden Tag Leute sterben.

RIDGEON *tröstet sie:* Unsinn! Es war nichts. Ich hatte ihn beauftragt, hereinzukommen und irgendwas zu sagen. Weil ich dachte, ich müßte Sie loswerden.

JENNIFER *abgestoßen:* Oh!

RIDGEON Seien Sie nicht so bestürzt. Es stirbt niemand.

JENNIFER Doch. Mein Mann.

RIDGEON *nimmt sich zusammen:* Ja, richtig. Ihren Mann hatte ich vergessen. Mrs. Dubedat, verlangen Sie nicht etwas sehr Bedenkliches von mir?

JENNIFER Ich flehe Sie an, das Leben eines großen Mannes zu retten.

RIDGEON Sie verlangen, daß ich seinetwegen einen anderen töte. Denn eines ist nun mal sicher, wenn ich einen neuen Fall übernehme, bin ich gezwungen, einen meiner Patienten in andere Behandlung zu geben. Nun, ich schrecke nicht davor zurück. Ich habe dergleichen schon vorher getan, und ich werde es wieder tun, wenn Sie mich davon überzeugen, daß sein Leben wertvoller ist als das Leben irgendeines meiner jetzigen Patienten. Aber ich muß davon überzeugt sein.

JENNIFER Er hat diese Bilder gemalt. Und es sind nicht die besten – lange nicht die besten. Die wirklich guten hab ich nicht mitgebracht. Nur wenige Leute mögen sie. Er ist dreiundzwanzig. Das ganze Leben liegt noch vor ihm. Wollen Sie nicht, daß ich ihn herbringe? Wollen Sie nicht mit ihm sprechen? Wollen Sie nicht selber urteilen?

RIDGEON Geht es ihm gut genug, daß er zu einem Abendessen ins Star and Garter-Hotel nach Richmond kommen kann?

JENNIFER Oh ja. Warum?

RIDGEON Das werde ich Ihnen sagen. Ich habe vor, alle meine alten Freunde dorthin einzuladen, um meine Erhebung in den Ritterstand zu feiern – Sie werden davon in der Zeitung gelesen haben?

JENNIFER Ja, natürlich. Dadurch bin ich auf Sie aufmerksam geworden.

RIDGEON Es sind lauter Ärzte, und es sollte eigentlich ein Essen ohne Frauen sein. Ich bin Junggeselle. Wenn Sie die Gastgeberin für mich spielen und Ihren Mann mitbringen, kann ich ihn kennenlernen und ihn mit einigen der bedeutendsten Ärzte bekanntmachen. Sir Patrick Cullen zum Beispiel, Sir Ralph Bloomfield Bonington, Cutler Walpole und andere. Dort können wir den Fall besprechen, und Ihr Mann wird stehen oder fallen mit dem, was wir von ihm halten. Wollen Sie kommen?

JENNIFER Ja, natürlich will ich kommen. Oh danke, vielen Dank. Und soll ich Bilder mitbringen – ein paar gute?

RIDGEON Ja. Sie bekommen den Termin im Lauf des morgigen Tages. Lassen Sie mir Ihre Adresse hier.

JENNIFER Vielen, vielen Dank. Sie machen mich so glücklich. Ich weiß, er wird Ihnen gefallen, und Sie werden ihn bewundern.

Sie gibt ihm ihre Karte: Das ist unsere Adresse.

RIDGEON Danke. *Er klingelt.*

JENNIFER *verlegen:* Und was – wieviel – müßte ich – ich meine – *Sie verstummt verwirrt.*

RIDGEON Noch was?

JENNIFER Ihr Honorar mein ich.

RIDGEON Oh, das hab ich vergessen. Sollen wir sagen, ein schönes Bild von seinem Lieblingsmodell für die ganze Behandlung, inklusive Heilung?

JENNIFER Sie sind sehr großzügig. Ich danke Ihnen. Ich weiß, Sie werden ihn heilen. Auf Wiedersehn.

RIDGEON Das werde ich. Auf Wiedersehn.

Sie schütteln sich die Hände.

Übrigens, Sie wissen doch, daß Tuberkulose ansteckend ist. Sie müssen vorsichtig sein.

JENNIFER Das kann ich schwerlich vergessen. Man behandelt uns überall wie Aussätzige.

EMMY *in der Tür:* Nun, Liebes, haben Sie's geschafft?

RIDGEON Ja. Bewachen Sie weiter den Eingang, und halten
Sie den Mund.
EMMY Guter Junge. *Sie geht mit Mrs. Dubedat hinaus.*
RIDGEON *allein:* Behandlung frei. Heilung garantiert. *Er
seufzt tief.*

Zweiter Akt

Nach dem Abendessen auf der Terrasse des Star and Garter-Hotels in Richmond. Eine wolkenlose Sommernacht. Nichts stört die Stille, außer von Zeit zu Zeit das Geräusch eines entfernt vorbeifahrenden Zuges und das gleichmäßige Rudergeplätscher, das von der Themse heraufdringt. Das Essen ist abgetragen, und drei von den acht Stühlen sind leer. Sir Patrick, mit dem Rücken zur Aussicht, sitzt am Ende des länglichen Tisches neben Ridgeon. Die beiden ihnen gegenüberstehenden Stühle sind leer. Neben den beiden, rechts, ein weiterer leerer Stuhl und dann der, auf dem B. B. sich breitmacht. Schutzmacher und Walpole sitzen links von ihnen. Der Eingang des Hotels befindet sich hinter B. B. Die fünf Männer sitzen schweigend bei Kaffee und Zigaretten. Sie sind satt und genießen die Wirkung des getrunkenen Weins.

Jennifer Dubedat, zum Weggehen angezogen, kommt herein. Die Ärzte, mit Ausnahme von Sir Patrick, stehen auf.

JENNIFER Louis ist gleich wieder da. Er zeigt Dr. Blenkinsop nur das Telefon. *Sie setzt sich:* Es tut mir leid, daß wir schon gehen müssen. Es ist so schade um den schönen Abend. Und wir haben uns so gut unterhalten.

RIDGEON Eine halbe Stunde noch. Ich glaube nicht, daß ihm das schadet.

SIR PATRICK Schluß jetzt, Colly, Schluß! Kommt nicht in Frage. Sie bringen Ihren Mann nach Hause, Mrs. Dubedat, und legen ihn vor elf ins Bett.

B. B. Ja, ja. Vor elf ins Bett. Ganz recht, ganz recht. So bedauerlich das ist, meine liebe Mrs. Dubedat, besonders für uns, aber Sir Patricks Rat ist Gesetz – unabänderliches Gesetz.

WALPOLE Ich laß Sie in meinem Auto nach Hause bringen.

SIR PATRICK Nein. Seien Sie nicht unvernünftig, Walpole.

Höchstens bis zum Bahnhof. Das ist weit genug für eine Nachtfahrt im offenen Wagen.

JENNIFER Wirklich, es ist besser, wir nehmen den Zug.

RIDGEON Ja, Mrs. Dubedat, es war ein sehr erfreulicher Abend.

WALPOLE Äußerst erfreulich.

B. B. Entzückend. Charmant. Unvergeßlich.

JENNIFER *etwas ängstlich:* Und was denken Sie von Louis? Oder hab ich kein Recht, danach zu fragen?

RIDGEON Kein Recht! Wir alle finden ihn reizend.

WALPOLE Äußerst reizend.

B. B. Bin glücklich, ihn kennengelernt zu haben. Ein Vergnügen, ein wahrhaftiges Vergnügen.
Sir Patrick brummt.

JENNIFER *schnell:* Sir Patrick, und Ihnen gefällt er nicht?

SIR PATRICK *vorsichtig:* Ich finde seine Bilder bewunderungswürdig, Madam.

JENNIFER Ja, aber ich meinte —

RIDGEON Sie können ganz beruhigt gehn. Er ist es wert, gerettet zu werden. Er muß und soll gerettet werden.
Jennifer steht auf, trunken vor Freude, Erleichterung und Dankbarkeit. Alle, außer Sir Patrick und Schutzmacher, umringen sie.

B. B. Gewiß, ganz gewiß.

WALPOLE Gar kein Problem, man muß nur wissen, was zu tun ist.

JENNIFER Oh, wie kann ich Ihnen jemals danken! Von heute an kann ich endlich glücklich sein. Sie wissen ja nicht, was ich fühle. *Sie setzt sich mit Tränen in den Augen. Alle wollen sie trösten.*

B. B. Meine liebe Mrs. Dubedat, bitte, bitte! Ich bitte Sie! *Sehr überzeugend:* Es ist ja gut!

WALPOLE Kümmern Sie sich nicht um uns. Weinen Sie sich ruhig aus.

RIDGEON Nein, weinen Sie nicht. Es ist besser, Ihr Mann merkt nicht, daß wir über ihn gesprochen haben.

JENNIFER *nimmt sich sofort zusammen:* Nein, natürlich nicht. Seien Sie mir nicht böse. Ein Arzt ist doch etwas Großartiges!

Alle lachen.

Lachen Sie nicht. Sie ahnen nicht, was Sie für mich getan haben. Ich habe nie gewußt, wie tödlich meine Angst war – wie sehr ich schon das Schlimmste befürchtete. Ich wagte nie, es mir einzugestehn. Jetzt erst, nach dieser Erleichterung, jetzt weiß ich es.

Louis Dubedat kommt aus dem Hotel, im Mantel und mit einem Schal um den Hals. Er ist ein schlanker junger Mann, noch ein Jüngling fast, sehr gut aussehend, aber nicht verweichlicht. Er hat türkisblaue Augen und eine Art, einem gerade ins Gesicht zu blicken, die, zusammen mit einem offenen Lächeln, sehr für ihn einnimmt. Obwohl er sehr sensibel ist, alles beobachtet und leicht unruhig wird, ist er durchaus nicht schüchtern. Er ist jünger als Jennifer, aber er bevormundet sie wie selbstverständlich. Die Ärzte bringen ihn nicht aus der Fassung. Weder Sir Patricks Alter, noch Bloomfield Boningtons würdevolles Betragen machen den geringsten Eindruck auf ihn. Er ist so natürlich wie ein Raubtier. Er bewegt sich unter Menschen, wie die meisten Menschen sich unter Sachen bewegen, obwohl er bemüht ist, gerade jetzt möglichst liebenswürdig zu sein. Wie alle Leute, bei denen man sich darauf verlassen kann, daß sie ihr Ego pflegen, ist er ein guter Gesellschafter, und wegen seiner künstlerischen Kraft, an die Phantasie zu appellieren, vermutet man bei ihm besondere Eigenschaften und Kräfte, ob er sie nun besitzt oder nicht.

LOUIS *bleibt hinter Ridgeons Stuhl stehen und zieht Handschuhe an:* Jinny-Gwinny, komm, das Auto ist da.

RIDGEON Warum lassen Sie Ihren schönen Namen so von ihm verhunzen, Mrs. Dubedat?

JENNIFER Oh, ich bleibe trotzdem Jennifer.

B. B. Sie sind Junggeselle, Ridgeon, Sie verstehen das nicht. Sehen Sie mich an. *Alle sehen ihn an.*

Ich habe auch zwei Namen. Wenn der Haussegen schief hängt, bin ich einfach Ralph. Wenn eitel Sonnenschein herrscht, bin ich Beedle-Deedle-Dumkins. So ist es in der Ehe! Mr. Dubedat, darf ich Sie um eine Gefälligkeit bitten, bevor Sie gehn? Schreiben Sie mir Ihren Namen auf die Speisekarte hier, unter die Zeichnung, die Sie von mir gemacht haben?

WALPOLE Ja, und mir auch, wenn Sie so gut sein wollen.

LOUIS Gerne. *Er setzt sich hin und unterschreibt.*

JENNIFER Willst du nicht auch die Karte von Dr. Schutzmacher signieren, Louis?

LOUIS Ich glaube, Dr. Schutzmacher ist nicht zufrieden mit seinem Porträt. Ich werd es zerreißen.
Er geht um den Tisch, nimmt Schutzmachers Speisekarte und will sie zerreißen. Schutzmacher rührt sich nicht.

RIDGEON Nein, nein, wenn Loony sie nicht haben will, nehm ich sie.

LOUIS Für Sie unterschreibe ich mit Vergnügen. *Er unterschreibt und gibt sie Ridgeon:* Ich habe vorhin den Fluß bei Nacht skizziert. Ich werde das ausarbeiten. *Zeigt sein Skizzenbuch:* Es soll Silber Donau heißen.

B. B. Ah, wie charmant, wirklich.

WALPOLE Sehr hübsch. Sie sind ein Meister in Pastell.
Louis hustet, zuerst aus Bescheidenheit, dann weil er lungenkrank ist.

SIR PATRICK Schluß jetzt, Mr. Dubedat. Sie haben genug von der Nachtluft. Bringen Sie ihn nach Hause, Madam.

JENNIFER Ja. Komm, Louis.

RIDGEON Nur keine Angst. Das macht nichts. Den Husten werden wir bald weghaben.

B. B. Wir werden die Phagozyten stimulieren. *Schüttelt ihr teilnahmsvoll die Hand:* Gute Nacht, Mrs. Dubedat. Gute Nacht. Gute Nacht.

WALPOLE Wenn die Phagozyten versagen, kommen Sie zu mir. Ich bring Sie in Ordnung.

LOUIS Gute Nacht, Sir Patrick. Hat mich sehr gefreut.

SIR PATRICK *brummt:* Nacht.

JENNIFER Gute Nacht, Sir Patrick.

SIR PATRICK Packen Sie sich gut ein. Denken Sie nicht, Ihre Lungen seien unempfindlich, nur weil sie besser sind als seine. Gute Nacht.

JENNIFER Vielen Dank. Ich danke Ihnen. Ich bin so froh. Gute Nacht.

Louis geht durch das Hotel hinaus, ohne von Schutzmacher Notiz zu nehmen. Jennifer zögert und nickt ihm dann zu. Schutzmacher steht auf und verbeugt sich nach deutscher Art. Sie geht hinaus, begleitet von Ridgeon. Die anderen setzen sich wieder hin, um in Ruhe zu verdauen oder zu rauchen.

B.B. *zufrieden:* Entzückendes Paar! Charmante Frau! Ein begabter Junge! Bemerkenswertes Talent! Anmutige Gestalt! Ein vollendeter Abend! Ein großer Erfolg! Interessanter Fall! Herrliche Nacht! Exquisite Gegend! Üppiges Mahl! Anregende Konversation! Gemütlicher Ausflug! Guter Wein! Happy end! Rührende Dankbarkeit und ein glücklicher Ridgeon –

RIDGEON *kommt zurück:* Was gibt's? Haben Sie mich gerufen, B.B.? *Er setzt sich auf seinen Platz neben Sir Patrick.*

B.B. Nein, nein. Ich gratuliere Ihnen nur zu diesem erfolgreichen Abend! Zu der hinreißenden Frau! Rassig und edel! Eine vollkommene –

Blenkinsop kommt aus dem Hotel und setzt sich auf den leeren Stuhl neben Ridgeon.

BLENKINSOP Es tut mir leid, daß ich Sie so lange hab warten lassen, Ridgeon. Aber es kam ein Anruf von der Polizei. Bei uns an der Ecke ist ein Mann überfahren worden, er hatte ein Rezept von mir in der Tasche. Wo ist Mr. Dubedat?

RIDGEON Er ist gegangen.

BLENKINSOP *steht auf, blaß:* Gegangen!

RIDGEON Vor einem Augenblick –

BLENKINSOP Vielleicht kann ich ihn einholen – *Er läuft ins Hotel.*

WALPOLE *ruft ihm nach:* Der ist schon meilenweit, mit dem Auto. Den kriegen Sie nicht – *Gibt es auf:* Was soll's.

RIDGEON Es sind wirklich nette Leute. Ich gebe zu, ich hatte befürchtet, dieser Mann könnte ein entsetzlicher Flegel sein. Aber er ist auf seine Art fast so angenehm wie die Frau. Und ohne Zweifel ist er genial. Es ist doch was, einen Fall zu übernehmen, den zu übernehmen sich wirklich lohnt. Irgend jemand muß zurückstehn. Und es ist bestimmt nicht schwer, einen schlechteren Mann zu finden.

SIR PATRICK Woher wissen Sie das?

RIDGEON Bitte, Sir Paddy, brummen Sie nicht. Trinken Sie lieber noch was.

SIR PATRICK Nein, danke.

WALPOLE Finden Sie auch, daß bei Dubedat etwas nicht stimmt, B. B.?

B. B. Ein charmanter junger Mann. Ich wüßte nicht, wirklich nicht, nach allem, was wir bis jetzt wissen. Und dem Aussehn nach. Was sollte bei ihm nicht stimmen?

SIR PATRICK Es gibt zwei Dinge, die bei jedem Mann stimmen müssen. Das eine ist sein Umgang mit Geld. Das andere ist seine Frau. Bevor wir nicht wissen, ob ein Mann in diesen beiden Punkten zuverlässig ist, wissen wir nichts von ihm.

B. B. Zyniker, Sie Zyniker!

WALPOLE Das mit dem Geld ist ein schwieriges Problem. Besonders für einen Künstler. Vor dem Essen hat er ganz offen zu mir darüber gesprochen, und wie er darunter leidet. Er hat keine Laster und lebt sehr sparsam, wie er mir sagte. Nur einen Luxus, den er sich nicht erlauben kann und dem er dennoch nicht widersteht, gebe es für ihn, und das sei, seine Frau hübsch anzuziehn. Da sagte ich, plötzlich herausplatzend: Lassen Sie mich Ihnen zwanzig Pfund leihen, und zahlen Sie es mir zurück, wenn Sie's geschafft haben! Er hat sehr nett reagiert und nahm es wie ein Mann. Es war ein Vergnügen zu sehn, wie glücklich es ihn machte, den armen Kerl.

B. B. *der Walpole mit wachsendem Staunen zugehört hat:* Aber wieso – aber – aber – und wann war das, wenn ich fragen darf?

WALPOLE Nachdem ich Sie beide unten am Fluß getroffen hatte.

B. B. Aber mein lieber Walpole, da hatte er sich gerade zehn Pfund von mir geliehen.

WALPOLE Was!

Sir Patrick brummt.

B. B. *nachsichtig:* Na ja, von leihen kann kaum die Rede sein, denn er sagte gleich, der Himmel allein wüßte, wann er mir's wiedergeben könnte. Ich konnte nicht nein sagen. Es scheint, daß Mrs. Dubedat eine Art Zuneigung für mich hat und –

WALPOLE *unterbricht ihn:* Nicht doch – für mich!

B. B. Bestimmt nicht, Ihr Name wurde zwischen uns überhaupt nicht erwähnt. Er ist von seiner Arbeit so völlig in Anspruch genommen, daß die Frau ziemlich viel allein ist, und der arme unschuldige Junge – er hat natürlich keine Ahnung von meiner Position oder wie beschäftigt ich bin – bat mich tatsächlich, sie gelegentlich zu besuchen und mit ihr zu plaudern.

WALPOLE Genau das, was er mir auch sagte!

B. B. Ach was! Dummes Zeug! Wirklich, ich muß sagen. *Er ist verwirrt, steht auf, geht ans Geländer und betrachtet mürrisch die Landschaft.*

WALPOLE Aufgepaßt, Ridgeon! Jetzt wird es ernst. *Blenkinsop, sehr ängstlich und elend, aber mit dem Versuch, unbefangen auszusehn, kommt zurück.*

RIDGEON Haben Sie ihn erwischt?

BLENKINSOP Nein. Entschuldigen Sie, daß ich so weggerannt bin. *Er setzt sich an den Tisch neben den Platz von Bloomfield Bonington.*

WALPOLE Ist irgendwas?

BLENKINSOP Ach nein. Eine Kleinigkeit – lächerlich. Nichts zu machen. Lassen Sie nur.

RIDGEON Irgendwas mit Dubedat?

BLENKINSOP *niedergeschlagen:* Ich sollte es eigentlich für mich behalten. Ich kann Ihnen gar nicht sagen, Ridgeon, wie ich mich schäme, Ihre Gastfreundschaft mit meiner jämmerlichen Armut bedrängt zu haben, nachdem Sie so gütig waren. Nicht, daß ich fürchte, Sie würden mich nicht mehr einladen, aber es ist so demütigend. Und ich hatte mich so auf den Abend gefreut. Ich wollte einmal alle Sorgen vergessen, wie in alten Zeiten.

RIDGEON Aber was ist denn passiert?

BLENKINSOP Ich hatte mir für diesen Ausflug vier Shilling zusammengespart, und die Fahrt hierher kostete einen Shilling vier Pence. Nun bat Mr. Dubedat mich vorhin, ihm zweieinhalb Shilling zu leihen, um dem Zimmermädchen, das die Sachen seiner Frau aufbewahrt hatte, ein Trinkgeld zu geben. Er wollte es nur für fünf Minuten, seine Frau würde gleich mit dem Geld kommen. Natürlich gab ich es ihm. Und dann hat er es vergessen. Ich habe gerade noch zwei Pence bei mir.

RIDGEON Oh, wenn es nur das ist –

BLENKINSOP *unterbricht ihn entschlossen:* Nein. Ich weiß, was Sie sagen wollen, aber ich kann es nicht annehmen. Ich habe mir nie Geld geliehen, und ich werde es nie tun. Ich habe nur meine Freunde, und die will ich nicht verlieren. Wenn niemand mich mehr treffen könnte, ohne befürchten zu müssen, daß meine Höflichkeit nur dazu dient, ihn anzupumpen, dann wäre für mich alles zu Ende. Ja, ich trage Ihre alten Kleider, und ich begegne Ihnen auf der Straße lieber so, als in meinem eigenen Anzug, aber Geld werde ich nicht annehmen. Ich fahre halt, so weit ich komme, und gehe den Rest zu Fuß.

WALPOLE Sie werden den ganzen Weg mit mir im Auto fahren.

Alle atmen erleichtert auf, Walpole beeilt sich, das Thema zu wechseln und fügt hinzu:

Hat er auch von Ihnen was gekriegt, Mr. Schutzmacher?

Schutzmacher schüttelt den Kopf.
Ihnen gefiel seine Zeichnung wohl nicht.

SCHUTZMACHER Doch, sie gefiel mir. Ich hätte die Skizze sehr gern behalten und von ihm signieren lassen.

B. B. Und warum haben Sie's nicht getan?

SCHUTZMACHER Gut, ich erzähl es Ihnen. Nach seinem Gespräch mit Walpole kam Dubedat zu mir und sagte, daß die Juden die einzigen seien, die etwas von Kunst verstehn. Er müsse sich zwar das Spießergeschwätz hier, wie er es nannte, anhören, freue sich aber wirklich nur über das, was ich ihm zu seinen Bildern gesagt hätte. Und überhaupt, was für einen großen Eindruck mein Verständnis auf seine Frau gemacht hätte, die die Juden bewundere. Dann bat er mich, ihm fünfzig Pfund vorzuschießen, und bot mir als Sicherheit seine Bilder an.

B. B. Nein, nein. Wahrhaftig! Im Ernst!?

WALPOLE Was! Nochmal fünfzig! } *Alle zusammen.*

BLENKINSOP Unglaublich!

Sir Patrick brummt.

SCHUTZMACHER Natürlich konnte ich einem Fremden so ohne weiteres ja kein Geld leihen.

B. B. Ich beneide Sie um die Fähigkeit, nein zu sagen, Mr. Schutzmacher. Ich weiß auch, daß man einem jungen Mann nicht einfach so Geld leihen sollte, aber ich hatte keinen Mut, es zu verweigern. Ich konnte nicht, verstehen Sie?

SCHUTZMACHER Das versteh ich nicht. *Ich* hatte keinen Mut, es ihm *nicht* zu verweigern.

WALPOLE Und was hat er gesagt?

SCHUTZMACHER Er machte eine sehr ungehörige Bemerkung: Ein Jude verstehe halt nicht die Gefühle eines Gentleman zu würdigen. Ich muß schon sagen, ihr Nichtjuden seid schwer zufriedenzustellen. Ihr sagt, wir seien keine Gentlemen, wenn wir Geld verleihen, und wenn wir uns weigern, welches zu verleihen, sagt ihr genau dasselbe. Ich erwiderte ihm, daß ich es ihm vielleicht geliehen hätte, wenn er selber Jude wär.

121

SIR PATRICK *brummt:* Und was hat er dazu gesagt?

SCHUTZMACHER Er versuchte mir einzureden, daß auch er zum auserwählten Volk gehöre – seine künstlerischen Fähigkeiten würden es beweisen, und sein Name zeuge so gut davon wie meiner. Schließlich bat er mich um zwei Pfund und behauptete, das mit den fünfzig sei nur Spaß gewesen.

B. B. Unmöglich, Mr. Schutzmacher. Das haben Sie grade erfunden. Jetzt mal im Ernst, hm?

SCHUTZMACHER Aber nein. Bei Geschichten über Gentlemen wie Mr. Dubedat braucht man nichts zu erfinden. Die Wirklichkeit ist nicht zu übertreffen.

BLENKINSOP Es stimmt also wirklich, daß Juden einander immer und überall helfen, Mr. Schutzmacher?

SCHUTZMACHER Durchaus nicht. Mir zum Beispiel gefallen Nichtjuden besser als Juden, und ich verkehre lieber mit Engländern. Das ist nur natürlich, denn als Jude kenne ich die Juden genau, während ein Engländer für mich immer interessant und fremdartig bleibt. Aber in Geldsachen ist es was anderes. Wenn ein Engländer Geld leiht, denkt er nur daran, daß er es braucht. Alles andere ist ihm egal. Er geht auf jede Bedingung ein, ob er sie später erfüllen kann oder nicht. Er fühlt sich sogar betrogen und über's Ohr gehauen, wenn man auf den Bedingungen besteht. So wie im Kaufmann von Venedig. Aber wenn ein Jude einen Vertrag macht, heißt das, er wird ihn erfüllen und auch erwarten, daß der andere ihn ebenfalls erfüllt. Wenn er für eine gewisse Zeit Geld braucht, leiht er sich welches und weiß genau, daß er es am Ende des Zeitraums zurückzahlen muß. Und darauf kann man sich verlassen.

RIDGEON Loony, ich bitte dich! Willst du damit sagen, daß es unter Juden keine Gauner gibt?

SCHUTZMACHER Durchaus nicht, nein. Aber ich spreche nicht von Kriminellen. Ich vergleiche ehrliche Engländer mit ehrlichen Juden.

Minnie Tinwell, ein Zimmermädchen, hübsch, blond und

ungefähr fünfundzwanzig Jahre, kommt etwas verstohlen aus dem Hotel. Sie wendet sich an Ridgeon.

MINNIE Bitte, Sir. Es hat nichts mit dem Hotel zu tun. Ich darf die Terrasse eigentlich nicht betreten, und ich würde Schwierigkeiten bekommen, wenn mich jemand mit Ihnen sprechen sähe. Es sei denn, Sie würden so tun, als hätten Sie mich gerufen, um zu fragen, ob das Auto schon vom Bahnhof zurück ist.

WALPOLE Ist es zurück?

MINNIE Ja, Sir.

RIDGEON Und was wünschen Sie?

MINNIE Haben Sie etwas dagegen, mir die Adresse von dem Gentleman zu geben, der hier mit Ihnen gegessen hat?

RIDGEON *scharf:* Ja, ich habe sehr viel dagegen. Sie haben kein Recht, danach zu fragen.

MINNIE Ja, Sir, ich weiß, was Sie meinen. Aber was soll ich tun?

SIR PATRICK Was ist denn los mit Ihnen?

MINNIE Nichts, Sir. Ich brauche die Adresse. Das ist alles.

B.B. Sie meinen den jungen Mann?

MINNIE Ja, Sir. Der den Zug erreichen wollte, mit dieser Frau, die er mitgebracht hatte.

RIDGEON Mit dieser Frau! Was fällt Ihnen ein? Meinen Sie die Dame, die hier war? Seine Gattin?

MINNIE Glauben Sie das nicht, Sir. Sie kann nicht seine Gattin sein. Ich bin mit ihm verheiratet.

B.B. *protestiert erstaunt:* Liebes Kind!

RIDGEON Sie! Mit ihm verheiratet?

WALPOLE Was! Was soll das? Oh, es beginnt spannend zu werden, Ridgeon.

MINNIE Ich kann Ihnen die Heiratsurkunde runterholen. Ich bin in einer Minute wieder da, Sir, wenn Sie daran zweifeln. Das war doch Louis Dubedat, nicht wahr?

RIDGEON Ja.

MINNIE Also, Sir, ob Sie es glauben oder nicht, aber ich bin die rechtmäßige Mrs. Dubedat.

123

SIR PATRICK Und warum leben Sie nicht mit Ihrem Mann zusammen?

MINNIE Wir konnten es uns nicht leisten, Sir. Ich hatte dreißig Pfund gespart, die haben wir ausgegeben für die Hochzeitsreise, und noch viel mehr, das hatte er sich ausgeliehen. Danach mußte ich zurück zum Dienst, und er ging nach London, um zu malen. Er hat mir nie geschrieben oder seine Adresse geschickt. Ich habe ihn nicht mehr wiedergesehn, bis ich ihn vorhin vom Fenster aus erkannte, als er mit dieser Frau ins Auto stieg.

SIR PATRICK Nun, das wären schon zwei Frauen für den Anfang.

B. B. Bei meiner Seele, ich möchte nicht zu hart urteilen, aber ich fürchte, unser junger Freund ist ziemlich leichtsinnig.

SIR PATRICK Sie fürchten! Wie lange wird es dauern, Menschenskind, bis Sie erkennen, daß er ein ganz gemeiner Schurke ist.

BLENKINSOP Das ist streng, Sir Patrick, viel zu streng. Natürlich ist es Bigamie, aber er ist noch sehr jung, und sie ist sehr hübsch. Mr. Walpole, darf ich Sie noch um eine von Ihren guten Zigaretten bitten?

WALPOLE Aber sicher. *Er faßt in die Tasche:* Nanu! Wo —? *Erinnert sich plötzlich:* Ach ja, richtig. Ich habe Dubedat meine Zigarettendose gereicht, und er gab sie mir nicht zurück. Sie war aus Gold.

MINNIE Er hat sich nichts Schlechtes dabei gedacht. Er denkt sich nie was bei solchen Sachen. Ich werde sie Ihnen wiederbringen, Sir, wenn Sie mir sagen, wo er ist.

RIDGEON Was soll ich tun? Soll ich ihr die Adresse geben oder nicht?

SIR PATRICK Geben Sie ihr Ihre eigene Adresse, und dann sehen wir weiter. *Zu Minnie:* Das wird Ihnen zunächst genügen, mein Kind.

Ridgeon gibt Minnie seine Karte.

Wie heißen Sie?

MINNIE Minnie Tinwell, Sir.

SIR PATRICK Schreiben Sie ihm einen Brief an diese Adresse, von da wird er weitergeleitet. Gehen Sie jetzt.

MINNIE Ich danke Ihnen, Sir. Ich bin sicher, daß Sie es ehrlich mit mir meinen. Ich danke Ihnen allen, und entschuldigen Sie, daß ich Sie damit belästigt habe.

Sie geht ins Hotel. Alle sehen ihr schweigend nach.

RIDGEON *sobald sie weg ist:* Ist Ihnen klar, daß wir Mrs. Dubedat versprochen haben, diesem Burschen das Leben zu retten?

BLENKINSOP Was fehlt ihm denn?

RIDGEON Lungentuberkulose.

BLENKINSOP *interessiert:* Und Sie können sie heilen?

RIDGEON Ich glaube ja.

BLENKINSOP Dann wollte ich, Sie könnten mich heilen. Meine Lunge ist kavernös. Es tut mir leid, daß ich das sagen muß.

Alle vier zusammen:

RIDGEON Was! Ihre Lunge!

B. B. *kommt, voller Anteilnahme für Blenkinsop, vom Geländer zurück:* Mein lieber Blenkinsop, was sagen Sie da?

SIR PATRICK Was hör ich da? Was?

WALPOLE Hallo! Das dürfen Sie nicht verschleppen. Damit ist nicht zu spaßen.

BLENKINSOP *hält sich die Ohren zu:* Es hat keinen Zweck. Ich weiß, was Sie sagen wollen. Ich hab es oft zu anderen gesagt. Aber ich kann mir nicht erlauben, mich zu schonen, und damit Schluß. Wenn nur ein Urlaub mein Leben retten könnte, dann müßte ich eben sterben. Ich werde so weitermachen wie andre auch. Wir können nicht alle nach St. Moritz oder Ägypten. Sprechen wir nicht mehr davon.

Verlegenes Schweigen. Sir Patrick brummt und sieht Ridgeon scharf an. Schutzmacher blickt auf seine Uhr und steht auf.

SCHUTZMACHER Ich muß gehn. Es war ein sehr schöner Abend, Colly. Gib mir meine Zeichnung, wenn es dir nichts ausmacht. Ich werde Mr. Dubedat die zwei Pfund dafür schicken.

125

RIDGEON *gibt ihm die Speisekarte:* Tu das nicht, Loony. Das ist ihm sicher unangenehm.

SCHUTZMACHER Wenn das deine Meinung ist, laß ich es natürlich. Aber ich glaube, du kennst Dubedat nicht. Ich sehe ihn anders, ich bin eben Jude. Wie dem auch sei. *Schüttelt ihm und Blenkinsop die Hand:* Gute Nacht, Dr. Blenkinsop.

BLENKINSOP Gute Nacht, Sir – ich meine – gute Nacht.

SCHUTZMACHER *winkt den anderen zu:* Gute Nacht zusammen.

RIDGEON Gute Nacht.

WALPOLE Gute Nacht.

B. B. Gute Nacht.

SIR PATRICK Nacht.

alle gemeinsam.

B. B. wiederholt den Abschiedsgruß mehrere Male in verschiedenen musikalischen Färbungen.
Schutzmacher geht durch das Hotel hinaus.

SIR PATRICK Es ist Zeit für uns alle.
Er steht auf und tritt zwischen Blenkinsop und Walpole. Ridgeon steht ebenfalls auf.
Mr. Walpole, bringen Sie Blenkinsop nach Hause, er war heute lange genug an der frischen Luft.

WALPOLE Also los, kommen Sie. Sie fahren doch auch mit uns, B. B.?

B. B. Ja, gern.
Walpole und Blenkinsop gehen ab durch das Hotel.
Gute Nacht, mein lieber Ridgeon. *Schüttelt ihm herzlich die Hand:* Lassen Sie uns Ihren interessanten Patienten und seine charmante Frau nicht aus den Augen verlieren. Wir dürfen ihn nicht zu schnell verurteilen, wissen Sie. *Salbungsvoll:* Guuute Nacht, Paddy. Gott segne Sie, lieber alter Knabe.
Sir Patrick brummt, B. B. lacht und klopft ihm nachsichtig auf die Schulter.
Gute Nacht. Gute Nacht. Gute Nacht.
Er gutenachtet sich ins Hotel und geht ab. Ridgeon und Sir

Patrick sind allein, nachdem alle gegangen sind. Ridgeon,
in Gedanken vertieft, geht zu Sir Patrick.

SIR PATRICK Na, Sie Lebensretter. Wer soll es sein? Dieser
ehrenwerte, bescheidene Blenkinsop oder dieser verdammte Schurke von einem Künstler?

RIDGEON Das ist schwer zu sagen. Blenkinsop ist ein ehren-
werter, bescheidener Mann, das stimmt, aber was noch?
Dubedat ist vielleicht wirklich ein Schurke, aber er ist
gleichzeitig die Quelle schöner und großartiger Werke.

SIR PATRICK Und was wird diese Quelle für die arme unschuldige Frau, wenn sie ihn erstmal durchschaut?

RIDGEON Das ist wahr. Ihr Leben würde zur Hölle.

SIR PATRICK Und noch eins. Angenommen, Sie hätten die
Wahl zwischen einem Leben, in dem alle Bilder schlecht
wären, aber alle Männer und Frauen gut, und einem Leben
mit lauter guten Bildern und schlechten Menschen. Wie
würden Sie sich entscheiden?

RIDGEON Das ist eine verteufelt schwere Frage, Paddy. Bilder sind so angenehm und brave Leute so verdammt unangenehm und widerwärtig, daß ich wirklich nicht ohne
weiteres sagen kann, was ich vorziehen würde.

SIR PATRICK Nicht doch! Lassen Sie mich mit Ihren Spitzfin-
digkeiten zufrieden. Dafür bin ich zu alt. Blenkinsop gehört nicht zu der Sorte von braven Leuten, und das wissen
Sie.

RIDGEON Es wäre einfacher, wenn Blenkinsop Dubedats Bilder malen könnte.

SIR PATRICK Es wäre noch einfacher, wenn Dubedat etwas
von Blenkinsops Ehrgefühl hätte. Die Welt läßt sich nicht
vereinfachen, lieber Freund, nur weil Ihnen das lieber
wäre. Sie müssen sie nehmen, wie sie ist. Sie müssen Blenkinsop und Dubedat auf die Waagschale legen. Machen Sie
es fair.

RIDGEON Nun, ich werde so fair sein, wie ich kann. Ich
werde in eine Schale alle Geldscheine legen, die Dubedat
sich geliehen hat, und in die andere alle Münzen, die Blen-

127

kinsop sich *nicht* geliehen hat.

SIR PATRICK Und Sie werden bei Dubedat noch das Vertrauen abziehn, das er zerstört, und die Hochachtung, die er verloren hat, und bei Blenkinsop hinzuzählen das Vertrauen, das er gerechtfertigt, und die Hochachtung, die er verbreitet hat.

RIDGEON Nicht doch, Paddy! Lassen Sie mich mit Ihren Phrasen zufrieden. Dafür bin ich ein zu großer Skeptiker. Ich bin auch gar nicht mal überzeugt, daß die Welt schlechter wäre, wenn jeder sich so wie Dubedat benehmen würde. Vielleicht wäre sie besser als jetzt, wo man sich eben wie Blenkinsop benimmt.

SIR PATRICK Und warum benehmen Sie sich nicht so?

RIDGEON Das trifft mich. Ja. Das ist die Probe aufs Exempel. Trotzdem, es bleibt auch so ein Dilemma. Es ist ein Dilemma. Sehen Sie, es gibt da noch eine Komplikation, die wir nicht bedacht haben.

SIR PATRICK Und die wäre?

RIDGEON Nun, wenn ich Blenkinsop sterben lasse, kann wenigstens niemand behaupten, ich hätte es getan, um seine Witwe zu heiraten.

SIR PATRICK Ah! Und weiter?

RIDGEON Wenn ich Dubedat sterben lasse, werde ich seine Witwe heiraten.

SIR PATRICK Vielleicht will sie gar nichts von Ihnen wissen.

RIDGEON *schüttelt selbstsicher den Kopf:* Ich hab eine ziemlich feine Nase für so was. Ich merke, wenn eine Frau an mir interessiert ist. Sie ist es.

SIR PATRICK Nun ja, manchmal merkt man es selber am besten, manchmal am allerwenigsten. Es wäre besser, sie beide zu kurieren.

RIDGEON Unmöglich. Ich bin an der Grenze. Ich kann zur Not noch einen Fall unterbringen, aber nicht zwei. Ich muß wählen.

SIR PATRICK Ja, und Sie müssen wählen, als ob die Frau nicht existierte, das ist klar.

128

RIDGEON Ist Ihnen das klar? Mir nicht. Sie verwirrt mein Urteil.

SIR PATRICK Für mich ist es einfach eine Wahl zwischen einem Menschen und einem Haufen Bilder.

RIDGEON Ein toter Mensch ist leichter zu ersetzen als ein gutes Bild.

SIR PATRICK Colly, wenn man in einem Zeitalter lebt, das hinter Bildern und Statuen und Stücken und Musik herrennt, weil seine Menschen nicht gut genug sind, ihre Seelen anders zu erfreuen, sollte man der Vorsehung danken, daß man einem Beruf angehört, der eine hohe und große Berufung ist, weil seine Aufgabe darin besteht, Männer und Frauen gesund zu machen und zu heilen.

RIDGEON Kurz, als Mitglied dieses hohen und großen Berufs muß ich meinen Patienten töten.

SIR PATRICK Reden Sie doch keinen Unsinn! Sie brauchen ihn nicht zu töten. Aber Sie können ihn einem anderen Arzt übergeben.

RIDGEON B. B. zum Beispiel, was? *Er sieht ihn bedeutungsvoll an.*

SIR PATRICK *hält seinen Blick aus:* Sir Ralph Bloomfield Bonington ist ein ganz außergewöhnlicher Arzt.

RIDGEON Das ist er.

SIR PATRICK Ich hol meinen Hut.

Ridgeon klingelt, während Sir Patrick ins Hotel geht. Ein Ober kommt.

RIDGEON *zum Ober:* Die Rechnung, bitte.

OBER Sofort, Sir. *Er geht sie holen.*

Dritter Akt

Im Atelier von Dubedat. Man blickt durch das große Ate-
lierfenster im Vordergrund auf die gegenüberliegende
Wand, die weder Tür noch Fenster hat. Die Tür nach drau-
ßen befindet sich in der Seitenwand links vorne, die Tür zu
den Wohnräumen auf der anderen Seite rechts hinten. Die
kalkigen Wände sind untapeziert und mit Kohlezeichnungen
und Notizen bekritzelt. Eine Art Thron, ein Sessel auf einem
Podium, befindet sich etwas links von der Mitte auf der
Höhe der hinteren Tür, und rechts davon, auf der Höhe der
vorderen Tür, eine Staffelei mit einem schäbigen Stuhl da-
vor. Neben der Staffelei an der Wand steht ein einfacher
Holztisch mit Flaschen, Ölkannen, Bindemittel, farbenver-
schmierten Lappen, Farbtuben, Pinseln, Zeichenkohle, einer
Gliederpuppe, einer alten Spirituslampe und anderen Klei-
nigkeiten, daran anschließend ein Sofa, auf dem Zeichen-
block, Skizzenbücher, lose Blätter, Zeitungen und Zeit-
schriften herumliegen. Neben der vorderen Tür steht ein
Kleiderständer, der mit Louis' Garderobe und allerlei ande-
ren Kostümen behängt ist, auf der anderen Seite der Tür ein
alter Klavierstuhl und in der Ecke bei der hinteren Tür ein
kleiner Teetisch. Die Gliederpuppe, als Kardinal ausstaf-
fiert, mit einer Sense auf dem Rücken und einem Stunden-
glas in der Hand, scheint mit leerer Bosheit Louis anzu-
lächeln, der in einem weißen, farbbekleckstem Kittel seine
Frau malt, die, in Brokat drapiert, auf dem erhöhten Sessel
thront. Sie interessiert sich nicht sehr für sein Gemälde und
beschwört ihn ängstlich wegen einer anderen Angelegenheit.

JENNIFER Versprich es mir.

LOUIS *führt den Pinsel sorgfältig und mit auffälligem Ge-*
schick, während er nachlässig antwortet: Ich versprech es,
mein Liebling.

JENNIFER Wenn du Geld brauchst, fragst du nur mich.

LOUIS Aber es ist so abscheulich, Liebste. Ich hasse Geld. Ich ertrag es nicht, dich dauernd damit zu quälen. Geld, Geld, Geld. Deshalb versuch ich's manchmal bei anderen Leuten, obwohl ich auch das hasse.

JENNIFER Lieber, es ist viel besser, du fragst mich. Die Leute bekommen eine schlechte Meinung von dir.

LOUIS Ich möchte dir dein bißchen Vermögen erhalten und mit meiner eigenen Arbeit Geld verdienen. Sei nicht unglücklich, Liebe, ich schaffe es schon, alles wieder zurückzuzahlen. Und nächstes Jahr ist meine Ausstellung. Da gibt es keine Geldsorgen mehr. *Legt die Palette weg:* So! Jetzt muß ich warten, bis es trocken ist. Komm runter, wenn du willst.

JENNIFER *legt den Brokatumhang ab und steigt, in einem einfachen Kleid aus indischer Seide, herab:* Aber du hast es mir versprochen, ernst und aufrichtig, denke daran, dir nie wieder Geld zu leihen, bevor du nicht zuerst mich gefragt hast.

LOUIS Ernst und aufrichtig. *Umarmt sie:* Ach, meine Liebe, wie recht du hast! Wieviel bedeutet es für mich, dich zu haben, und daß du mich davor beschützt, zu sehr in den Wolken zu leben. Ich schwöre dir feierlich, von diesem Augenblick an werde ich niemand mehr anpumpen.

JENNIFER *entzückt:* Ja, das ist schön. So quält dich dein niederträchtiges Weib und zerrt dich zur Erde zurück. *Sie küßt ihn:* Und jetzt, Lieber, willst du nicht die Zeichnungen für Maclean fertig machen?

LOUIS Das hat Zeit. Ich habe von ihm fast das ganze Geld im voraus bekommen.

JENNIFER Aber, Liebster, deshalb ja gerade solltest du sie fertig machen. Er hat mich neulich erst wieder gefragt, ob du überhaupt noch daran denkst, die Bilder zu liefern.

LOUIS Verfluchte Unverschämtheit! Wofür zum Teufel hält er mich? Das verdirbt mir alles Interesse an dem blöden Auftrag. Ich hätte große Lust, die Bestellung rückgängig zu machen und ihm sein Geld zurückzugeben.

JENNIFER Das können wir uns nicht erlauben, Lieber. Mach lieber die Zeichnungen fertig, und damit hat sich's. Ich glaube, es ist ein Fehler, Geld im voraus anzunehmen.

LOUIS Und wovon sollen wir leben?

JENNIFER Es wird sowieso bald keiner mehr bezahlen, bevor er nicht was in den Händen hat.

LOUIS Verdammtes Volk! Die denken an nichts als an ihr dreckiges Geld.

JENNIFER Aber wenn sie bezahlen, haben sie doch ein Recht darauf, etwas dafür zu bekommen.

LOUIS *schmeichelnd:* Hör auf, genug gepredigt für heute. Ich hab ja versprochen, brav zu sein, oder?

JENNIFER *legt die Arme um seinen Hals:* Du weißt, daß ich Predigten hasse. Und daß ich dich nicht einen Augenblick lang mißverstehe, Lieber, das weißt du doch?

LOUIS *liebevoll:* Ich weiß. Ich weiß. Ich bin ein Scheusal, und du bist ein Engel. Wenn ich könnte, würde ich das Haus meiner Liebsten in einen Tempel verwandeln und sie schmücken wie eine Göttin, die ich anbete. Ich geh an keinem Geschäft vorüber, ohne mit der Versuchung zu kämpfen, alles, was gut und teuer ist, für dich zu bestellen.

JENNIFER Ich will nichts, nur dich, Lieber. *Sie umarmt ihn, und er erwidert so leidenschaftlich, daß sie sich frei macht:* Nicht! Sei brav. Vergiß nicht, daß die Doktoren heute morgen noch kommen. Ist es nicht sehr nett von ihnen, daß sie unbedingt kommen wollten, um über dich zu beraten?

LOUIS *kühl:* Sie glauben wahrscheinlich, daß es ihnen neuen Ruhm einbringt, wenn sie mich heilen. Sie würden nicht kommen, wenn es ihnen nicht auch Spaß machte.

Es klopft an der Tür.

Was, ist es schon soweit? *Öffnet die Tür und steht Ridgeon gegenüber:* Hallo, Ridgeon. Entzückt, Sie zu sehn. Kommen Sie rein.

JENNIFER *schüttelt ihm die Hand:* Es ist wirklich nett, daß Sie kommen, Doktor.

LOUIS Sie entschuldigen meine Räuberhöhle, nicht wahr? So sieht es aus in einem Atelier. Nicht sehr bequem. Aber ohne Jennifer wäre es noch schlimmer.

JENNIFER Ich geh jetzt. Vielleicht darf ich später wieder-kommen und das Urteil hören, wenn Sie mit Louis fertig sind.

Ridgeon verbeugt sich ziemlich förmlich.

Oder wär es Ihnen lieber, ich käme nicht?

RIDGEON Aber nein. Durchaus nicht.

Jennifer sieht ihn an, etwas verwirrt durch seine förmliche Art, und geht dann durch die hintere Tür in die Wohnung.

LOUIS *respektlos:* Machen Sie kein so feierliches Gesicht. Oder wird gleich was Fürchterliches passieren?

RIDGEON Nein.

LOUIS Na also. Sie können sich nicht vorstellen, wie sich die arme Jennifer auf Ihren Besuch gefreut hat. Sie ist in Sie vernarrt, Ridgeon. Sie hat niemand, mit dem sie sich un-terhalten kann. Ich male meistens. *Nimmt ein Blatt auf:* Da ist eine kleine Skizze, die ich gestern von ihr gemacht habe.

RIDGEON Sie hat sie mir vor vierzehn Tagen gezeigt, als sie das erste Mal bei mir war.

LOUIS *keineswegs verlegen:* Oh! Wirklich? Großer Gott! Wie die Zeit vergeht! Ich hätte schwören können, daß ich eben erst damit fertig geworden bin. Es ist schlimm für Jennifer, wenn sie sieht, wie sich hier die Bilder stapeln, und ich nehme nichts dafür ein. Nächstes Jahr, nach mei-ner Ausstellung, werde ich genug verkaufen, das stimmt, aber solange das Gras wächst, hungert das Pferd. Wie ich es hasse, wenn sie Geld von mir will, und ich kann ihr keins geben. Aber was soll ich machen?

RIDGEON Ich habe es so verstanden, daß Mrs. Dubedat eini-ges Vermögen hat.

LOUIS Oh ja, ein bißchen. Aber wie könnte ein halbwegs

133

anständiger Mann davon etwas anrühren? Nehmen Sie an, ich täte es, was würde ihr zum Leben bleiben, wenn ich sterbe? Ich bin nicht versichert. Ich kann die Prämien nicht aufbringen. *Sucht ein anderes Blatt aus:* Wie gefällt Ihnen dies?

RIDGEON *legt es beiseite:* Ich bin nicht hergekommen, um Ihre Bilder anzusehn. Heut geht es um etwas anderes, was ernster und dringender ist.

LOUIS Sie wollen meine elende Lunge heilen. *Mit plötzlicher Offenheit:* Mein lieber Ridgeon, ich will offen zu Ihnen sein. Es geht in diesem Haus nicht um meine Lunge, sondern um Geld. Es geht nicht um mich, sondern um Jennifer, die damit haushalten muß. Sie haben uns fühlen lassen, daß wir Sie als Freund behandeln dürfen. Wollen Sie uns hundertfünfzig Pfund leihen?

RIDGEON Nein.

LOUIS *überrascht:* Warum nicht?

RIDGEON Ich bin kein reicher Mann. Und ich brauche jeden Penny und mehr für meine Forschungen.

LOUIS Sie meinen, Sie möchten das Geld wieder zurückhaben.

RIDGEON Ich nehme an, daß Leute das manchmal meinen, wenn sie Geld verleihen.

LOUIS *denkt einen Moment nach:* Nun, das kann ich für Sie arrangieren. Ich gebe Ihnen einen Scheck – oder sehen Sie her. Es gibt keinen Grund, warum nicht auch Sie dabei profitieren sollten. Ich stelle Ihnen einen Scheck auf zweihundert Pfund aus.

RIDGEON Warum lösen Sie ihn nicht selber ein und lassen mich damit zufrieden?

LOUIS Wo denken Sie hin! Niemand würde ihn einlösen. Mein Konto ist total überzogen. Nein, wir müssen anders vorgehn. Ich datiere den Scheck auf nächsten Oktober. Im Oktober kriegt Jennifer ihre Zinsen. Sie reichen den Scheck bei der Bank ein, die ihn mit dem Stempel ›Zurück an den Aussteller‹ oder so ähnlich versieht. Damit gehen Sie zu

134

Jennifer und geben ihr zu verstehn, daß ich ins Gefängnis komme, wenn sie ihn nicht einlöst. Sie zahlt sofort aus. Das sind für Sie glatte fünfzig Pfund, und Sie haben mir einen wirklichen Dienst erwiesen, alter Knabe, denn ich brauche das Geld sehr nötig, das können Sie mir glauben.

RIDGEON *starrt ihn an:* Sie haben keine Bedenken gegen diese Art von Geschäft und unterstellen, ich hätte auch keine!

LOUIS Was für Bedenken soll es dabei geben? Es ist völlig sicher. Jennifers Zinsen kommen auf jeden Fall.

RIDGEON Ich meine, Bedenken wegen der – soll ich sagen Unehrenhaftigkeit?

LOUIS Wenn ich das Geld nicht so dringend brauchte, hätte ich Ihnen das natürlich nicht vorgeschlagen.

RIDGEON Aha! Nun, dann müssen Sie sich das Geld irgendwie anders verschaffen.

LOUIS Soll das heißen, Sie sagen nein?

RIDGEON Soll heißen –! *Entrüstet:* Selbstverständlich sage ich nein, Mensch. Wofür halten Sie mich? Wie können Sie es wagen, mir einen solchen Vorschlag zu machen?

LOUIS Warum nicht?

RIDGEON Unverschämtheit! Aber Sie würden mich sowieso nicht verstehn, und wenn ich es Ihnen zehnmal erkläre. Ein für allemal, Sie kriegen von mir nicht einen roten Heller. Ihrer Frau würde ich mit Freuden helfen, aber ich tue ihr keinen Gefallen, wenn ich Ihnen Geld leihe.

LOUIS Also gut, wenn Sie ihr wirklich helfen wollen, kann ich Ihnen sagen, was Sie machen müssen. Bringen Sie Ihre Patienten dazu, Bilder von mir zu kaufen oder sich von mir malen zu lassen.

RIDGEON Meine Patienten rufen mich als Arzt, nicht als Handlungsreisenden.

Es klopft. Louis geht unbefangen zur Tür und setzt das Gespräch im Gehen fort.

LOUIS Bei dem Einfluß, den Sie auf sie haben. Sie müssen doch eine ganze Menge über diese Leute wissen – private

Dinge, deren Verbreitung ihnen bestimmt unangenehm
wäre. Die würden nicht wagen, einfach nein zu sagen.

RIDGEON *explodiert:* Da hört sich doch alles –

*Louis öffnet die Tür und läßt Sir Patrick, Sir Ralph und
Walpole eintreten. Ridgeon fährt wütend fort.*

Walpole, ich bin höchstens zehn Minuten hier, und schon
hat er versucht, mich um hundertfünfzig Pfund anzupumpen. Dann schlug er mir vor, ich solle seine Frau erpressen,
um das Geld wiederzubekommen, und Sie haben ihn gerade dabei unterbrochen, als er mir auseinandersetzte, wie
ich meine Patienten dazu bringen könnte, daß sie sich von
ihm malen lassen.

LOUIS Das also verstehen Sie unter einem Ehrenmann, Ridgeon! Ich sprach vertraulich mit Ihnen.

SIR PATRICK Wir werden alle vertraulich mit Ihnen sprechen,
junger Mann.

WALPOLE *hängt seinen Hut an den einzigen noch leeren Ha-
ken des Kleiderständers:* Wir werden uns hier für eine
halbe Stunde häuslich einrichten, Dubedat. Erschrecken
Sie nicht. Sie sind ein faszinierender Kerl, und wir mögen
Sie.

LOUIS Gut, schon gut. Setzen Sie sich – irgendwohin. Das ist
Ihr Platz, Sir Patrick. *Er führt ihn zu dem erhöhten Sessel:*
So!

Er hilft ihm hinauf, Sir Patrick brummt und setzt sich.

Hier sitzen Sie, B. B.

*Sir Ralph ist starr über die Vertraulichkeit, aber Louis,
unbefangen, legt ein großes Buch und ein Sofakissen auf
das Podium rechts unterhalb von Sir Patrick, und B. B.,
freilich protestierend, setzt sich.*

Geben Sie mir Ihren Hut. *Er nimmt ohne weiteres B. B.'s
Hut, vertauscht ihn mit dem Kardinalshut auf der Gliederpuppe und zerstört so auf lustige Weise die Würde der
Sitzung. Dann nimmt er den Klavierstuhl von der Wand
und bietet ihn Walpole an:* Sie haben doch nichts dagegen,
hier Platz zu nehmen, Walpole?

Walpole setzt sich, faßt in die Tasche und erinnert sich.

WALPOLE Ja, richtig, es handelt sich um meine Zigarettendose. Sie nehmen es mir hoffentlich nicht übel?

LOUIS Was für eine Zigarettendose?

WALPOLE Die goldene, die ich Ihnen neulich im Hotel gegeben habe.

LOUIS *überrascht:* Die gehörte Ihnen?

WALPOLE Ja.

LOUIS Das tut mir schrecklich leid, alter Kamerad. Ich wun-
derte mich schon, woher ich sie hatte. Tut mir leid, aber das
hier ist alles, was davon übrig ist. *Er langt unter seinen
Kittel, holt einen Zettel aus der Tasche und reicht ihn
Walpole.*

WALPOLE Ein Pfandschein!

LOUIS *beruhigend:* Da ist sie vollkommen sicher. Sie muß ein
Jahr lang aufbewahrt werden. Mein lieber Walpole, wirk-
lich, es tut mir leid. *Er legt seine Hand ungezwungen auf
Walpoles Schulter und sieht ihn treuherzig an.*

WALPOLE *sinkt mit einem Seufzer auf den Stuhl:* Nicht der
Rede wert. Es erhöht Ihre Faszination.

RIDGEON *steht in der Nähe der Staffelei:* Aber eine Schuld
müssen Sie abzahlen, Mr. Dubedat, bevor wir weiteres
besprechen.

LOUIS Ich habe eine Menge Schulden zu bezahlen, Ridgeon.
Ich hol Ihnen einen Stuhl. *Er geht auf die hintere Tür zu.*

RIDGEON *hält ihn auf:* Sie werden diesen Raum nicht verlassen, bis das erledigt ist. Es ist eine kleine Schuld, aber Sie
werden und müssen sie begleichen. Es macht mir nichts
aus, daß Sie von einem meiner Gäste zehn und von einem
anderen zwanzig Pfund geliehen haben – –

WALPOLE Es lag an mir, wie Sie wissen. Ich bot es ihm an.

RIDGEON – denen tat es nicht weh. Aber dem armen Blenkinsop seine letzten Münzen aus der Tasche zu ziehen, das war
schändlich. Ich habe die Absicht, ihm diese zweieinhalb
Shilling zurückzugeben, und ich muß in der Lage sein, ihm
mein Ehrenwort zu geben, daß ich das Geld von Ihnen

habe. Er will es von Ihnen.

B. B. Ganz recht, Ridgeon, ganz recht. Kommen Sie, junger
Mann! Beißen Sie in den sauren Apfel. Zahlen Sie.

LOUIS Sie brauchen sich darüber gar nicht so aufzuregen.
Natürlich zahl ich. Ich hatte keine Ahnung, daß der arme
Kerl so schlecht dran ist. Es erschreckt mich genauso wie
Sie alle. *Kramt in seinen Taschen:* Aber leider – ich habe im
Moment nichts bei mir. Walpole, würden Sie mir die zwei-
einhalb Shilling vorstrecken, damit die Sache in Ordnung
kommt?

WALPOLE Ihnen vorstrecken – *die Stimme versagt ihm.*

LOUIS Wenn nicht, muß Blenkinsop noch warten, denn ich
habe keinen Heller. Wenn Sie wollen, können Sie meine
Taschen durchsuchen.

WALPOLE Das ist überzeugend.
*Er holt zweieinhalb Shilling hervor. Louis nimmt sie und
übergibt sie Ridgeon.*

LOUIS Da! Ich bin wirklich froh, daß das erledigt ist. Es war
das einzige, was mir Gewissensbisse gemacht hätte. Ich
hoffe, Sie sind jetzt zufrieden.

SIR PATRICK Nicht ganz, Mr. Dubedat. Kennen Sie zufällig
eine junge Frau, die Minnie Tinwell heißt?

LOUIS Minnie! Und ob ich die kenne. Und Minnie kennt
mich auch. Sie ist wirklich ein liebes, nettes Kind, wenn
man ihre Situation bedenkt. Was ist aus ihr geworden?

WALPOLE Es hat keinen Zweck, uns was vorzumachen, Dubedat. Wir haben Minnies Heiratspapiere gesehn.

LOUIS *kühl:* So? Haben Sie auch die von Jennifer gesehn?

RIDGEON *steht zornig auf:* Wagen Sie, darauf anzuspielen,
daß Mrs. Dubedat bei Ihnen lebt, ohne mit Ihnen verheiratet zu sein?

LOUIS Warum nicht?
Alle vier wiederholen entrüstet oder abwehrend:

B. B. Warum nicht!

SIR PATRICK Warum nicht!

RIDGEON Warum nicht!

WALPOLE Warum nicht!

gemeinsam

LOUIS Ja, warum nicht? Eine Menge Leute tun das. Genau so brave Leute wie Sie. Warum lernen Sie nicht denken, anstatt zu blöken und bäh zu machen wie ein Haufen Schafe, wenn Ihnen irgend etwas gegen den Strich geht, weil Sie's nicht gewöhnt sind. *Betrachtet vergnügt ihre abweisenden Mienen:* So sollte ich Sie zeichnen, wirklich. Sie sehen zu komisch aus. Besonders Sie, Ridgeon. Jetzt hab ich Sie erwischt.

RIDGEON Wieso, bitte?

LOUIS Sie haben sich in den Kopf gesetzt, Jennifer zu verehren. Stimmt's? Und mich zu verachten.

RIDGEON Ich verabscheue Sie. *Er setzt sich auf das Sofa.*

LOUIS Genau. Und trotzdem glauben Sie von Jennifer gleich das Schlechteste, nur weil ich so eine Andeutung mache.

RIDGEON Haben Sie gelogen?

LOUIS Das nicht, aber Sie haben sofort einen Skandal gewittert, statt klar und nüchtern zu denken. Mit Leuten wie Ihnen macht es mir Spaß zu spielen. Ich habe nur gefragt, ob Sie Jennifers Heiratspapiere gesehn haben, und Sie schließen messerscharf, daß sie keine hat. Sie sind unfähig, eine Frau zu beurteilen.

B. B. *würdevoll:* Darf ich fragen, was Sie damit meinen?

LOUIS Ich bin ja nur ein unmoralischer Künstler. Aber wenn *Sie* mir erzählt hätten, daß Jennifer nicht verheiratet ist, hätte ich soviel Taktgefühl und künstlerischen Instinkt, um sehen zu können, daß sie ihre Heiratspapiere im Gesicht und im Charakter trägt. Sie sind alle moralische Menschen, und Jennifer ist bloß die Frau eines Künstlers – wahrscheinlich nur sein Modell. Aber eure ganze Moral besteht darin, andere Leute zu verdächtigen, daß sie nicht legal verheiratet sind. Schämen Sie sich nicht? Kann einer von Ihnen mir jetzt noch ins Gesicht sehn?

139

WALPOLE Es ist ziemlich schwierig, Ihnen ins Gesicht zu sehen, Dubedat. Ihre Frechheit blendet einen geradezu. Und was ist mit Minnie Tinwell, na?

LOUIS Minnie Tinwell ist eine junge Frau, die in ihrem armen kleinen Leben drei Wochen unerhörtes Glück genossen hat. Und das ist mehr, als die meisten Frauen erreichen, kann ich Ihnen sagen. Fragen Sie sie, ob sie es rückgängig machen würde, wenn sie könnte. Ihr Name wird in die Geschichte eingehen. Um die kleinen Skizzen, die ich von ihr gemacht habe, wird man sich reißen, und in meiner Biographie erscheint ihr Name. Ganz schön für ein Zimmermädchen in einem Hotel, finde ich. Was haben Sie denn, damit verglichen, für sie getan?

RIDGEON Wir haben sie nicht in eine Scheinheirat gelockt und dann verlassen.

LOUIS Nein, den Mut hätten Sie nicht gehabt. Aber machen Sie nicht soviel Aufhebens davon. Ich habe die kleine Minnie nicht verlassen. Wir hatten unser ganzes Geld aufgebraucht –

WALPOLE Minnies ganzes Geld. Dreißig Pfund.

LOUIS Ich sagte unser Geld. Ihres und meins auch. Ihre dreißig Pfund hätten nicht drei Tage gereicht. Ich mußte mir doppelt soviel leihen. Aber es tat mir nicht leid darum. Und ihr tat es auch nicht leid. Als wir blank waren, hatten wir genug voneinander. Sie glauben doch selber nicht, daß wir fähig gewesen wären, länger zusammenzubleiben. Ich, ein Künstler, und sie, die der Kunst und allem, was damit zusammenhängt, völlig fremd gegenübersteht. Das war kein Verlassen, kein Mißverstehn, keine Polizeiaktion oder Scheidungsgeschichte, über die sich moralische Leute wie Sie beim Frühstück das Maul zerreißen. Wir sagten uns nur, gut, das Geld ist alle, wir hatten eine schöne Zeit, die niemand uns nehmen kann, einen Kuß noch, und wir scheiden als gute Freunde. Sie ging zurück in ihren Dienst und ich in mein Atelier und zu meiner Jennifer, beide besser und glücklicher als vor diesen Flitterwochen.

WALPOLE Was für eine rührende Geschichte, bei Gott!

B. B. Wenn Sie wissenschaftlich gebildet wären, Mr. Dubedat, würden Sie wissen, wie höchst selten ein tatsächliches
Geschehn ein Prinzip bestätigt. In der medizinischen Praxis
kann ein Mensch sterben, auch wenn er, vom wissenschaftlichen Standpunkt aus, hätte am Leben bleiben müssen. Ich habe wahrhaftig einen Menschen gekannt, der an
einer Krankheit gestorben ist, gegen die er, vom wissenschaftlichen Standpunkt aus, immun war. Aber das beeinträchtigt nicht die fundamentale Wahrheit der Wissenschaft. Genauso kann in der Moral das Benehmen eines
Menschen völlig harmos und sogar wohltuend sein, auch
wenn er sich unmoralisch wie ein Schuft verhält. Und
andererseits kann er großen Schaden anrichten, wenn er
nach höchsten moralischen Prinzipien handelt. Aber das
beeinträchtigt nicht die fundamentale Wahrheit der Mora-
lität.

SIR PATRICK Und es beeinträchtigt nicht das Gesetz zum
Thema Bigamie.

LOUIS Bigamie, Bigamie, hach, Bigamie! Was für eine Faszination hat für euch doch alles, was mit der Polizei zusammenhängt, ihr Moralisten! Ich habe Ihnen schon bewiesen,
daß Sie völlig im Irrtum waren, was die Moral betrifft.
Jetzt werde ich Ihnen zeigen, daß Sie sich hinsichtlich der
Rechtmäßigkeit ebenfalls irren, und ich hoffe, das wird
eine Lektion für Sie sein, in nächster Zeit weniger selbstge-
fällig aufzutreten.

WALPOLE Quatsch! Sie waren schon verheiratet, als Sie Jennifer heirateten, und damit ist alles klar.

LOUIS Klar? Warum denken Sie nicht ein bißchen nach?
Woher wissen Sie, daß sie nicht auch schon verheiratet
war?

B. B. Walpole! Ridgeon!

RIDGEON Das ist die Höhe.

WALPOLE Verdammt nochmal!

SIR PATRICK Sie Halunke.

LOUIS *ignoriert ihr Geschrei:* Sie war mit einem Steward von einem Überseedampfer verheiratet. Er verschwand und ließ sie sitzen, und sie dachte, sie kann wieder heiraten, wenn sie drei Jahre nichts von dem Mann gehört hat. Weil sie sich aber als anständige Frau weigerte, irgendwas mit mir zu haben, bevor wir nicht verheiratet waren, hab ich halt die Zeremonie über mich ergehn lassen, ihr zuliebe und um ihrer Selbstachtung willen.

RIDGEON Haben Sie ihr erzählt, daß Sie schon verheiratet waren?

LOUIS Natürlich nicht. Wenn sie das gewußt hätte, wie hätte sie sich da als meine Frau fühlen können. Irgendwie scheinen Sie noch immer nicht zu begreifen.

SIR PATRICK Sie riskierten also, daß man Ihre Frau wegen Unwissenheit einsperrte?

LOUIS *Ich* riskierte, *ihret*wegen eingesperrt zu werden. Für mich war es dasselbe Risiko. Wenn ein Mann ein Opfer für so eine Frau bringt, prahlt er nicht damit vor ihr, wenigstens nicht, wenn er ein Gentleman ist.

WALPOLE Was machen wir nur mit diesem Prachtkerl?

LOUIS *ungeduldig:* Ach, gehen Sie und machen Sie, was Sie wollen. Lassen Sie Minnie einsperren. Lassen Sie mich einsperren. Lassen Sie Jennifer an der Schande zugrunde gehn. Und hinterher, wenn Sie das ganze Unheil angerichtet haben, gehen Sie in die Kirche und fühlen Sie sich erhaben! *Er setzt sich mürrisch auf den alten Stuhl vor der Staffelei, nimmt einen Block und beginnt zu zeichnen.*

WALPOLE Der hat es uns gegeben.

SIR PATRICK *grimmig:* Das hat er.

B. B. Aber ist es ihm erlaubt, die Strafgesetze zu übertreten?

SIR PATRICK Die Strafgesetze taugen nicht für anständige Menschen. Sie helfen nur Gaunern, ihre Familien zu erpressen. Was tun wir Hausärzte denn die halbe Zeit anderes, als zusammen mit den Familienanwälten zu verhandeln, um irgendeinen Schurken vor dem Gefängnis und die Familie vor Schande zu bewahren?

B. B. Aber das Gesetz wird ihn wenigstens bestrafen.

SIR PATRICK O ja, es wird ihn bestrafen. Es wird nicht nur ihn bestrafen, sondern alle, die mit ihm verbunden sind, ob schuldig oder unschuldig. Er kriegt ein paar Tage Kost und Logis von unseren Steuergeldern bezahlt, und dann lassen sie ihn wieder auf uns los, gefährlicher als vorher. Man wird das Mädchen ins Gefängnis werfen und ruinieren. Man wird das Leben seiner Frau zerstören. Schlagen Sie sich das Gesetz ein für allemal aus dem Kopf. Es taugt nur für Narren und Wilde.

LOUIS Würden Sie bitte Ihr Gesicht etwas zu mir herdrehen, Sir Patrick.

Sir Patrick dreht sich und starrt ihn empört an.

Nicht so weit.

SIR PATRICK Legen Sie Ihren blödsinnigen Stift beiseite, Mensch, und denken Sie an Ihre Lage. Sie können die menschlichen Gesetze verachten, aber es gibt Gesetze, mit denen Sie rechnen müssen, ob Sie wollen oder nicht. Wissen Sie, daß Sie sterben müssen?

LOUIS Wir alle müssen sterben, oder?

WALPOLE Aber nicht in sechs Monaten.

LOUIS Woher wissen Sie das?

Das ist für B. B. die größte Frechheit. Er verliert die Geduld, steht auf und beginnt erregt auf und ab zu gehn.

B. B. Bei meiner Seele, das laß ich mir nicht gefallen. Es zeugt unter allen Umständen und bei jeder Gelegenheit von fragwürdigem Geschmack, auf die Tatsache des Todes anzuspielen, aber es ist geradezu heimtückisch, einem Arzt damit zu kommen. *Donnert Dubedat an:* Ich erlaube es nicht, hören Sie?

LOUIS Ich hab nicht davon angefangen. Das taten Sie. Es ist immer dasselbe bei Leuten mit unkünstlerischen Berufen. Wenn die Argumente ausgehn, versucht man es mit Einschüchterung. Ich habe noch keinen Rechtsanwalt getroffen, der mir nicht damit drohte, mich früher oder später ins Gefängnis zu bringen. Ich habe noch keinen Pfaffen gekannt, der mir nicht mit der Verdammnis gedroht hätte. Und jetzt drohen Sie mir mit dem Tod. Mit all Ihrem großartigen Geschwätz haben Sie nur einen wirklichen Trumpf in der Hand, und das ist, mich einzuschüchtern. Aber ich bin kein Feigling, daher hat es bei mir keinen Zweck.

B.B. *geht auf ihn zu:* Ich sage Ihnen, was Sie sind, Sir. Sie sind ein Schuft.

LOUIS Es macht mir nichts aus, wenn Sie mich einen Schuft nennen. Ein Wort, mehr nicht. Ein Wort, von dem Sie nicht einmal wissen, was es bedeutet. Was ist ein Schuft?

B.B. Sie sind ein Schuft, Sir.

LOUIS Da haben wir's. Was ist ein Schuft? Ich bin einer. Was bin ich? Ein Schuft. Und immer so weiter im Kreis herum. Und Sie bilden sich ein, ein Mann der Wissenschaft zu sein!

B.B. Ich – ich – ich hätte große Lust, Sie beim Kragen zu packen, Sie infamer Halunke, und Sie gehörig durchzuprügeln.

LOUIS Tun Sie's doch. Da hätten Sie ganz schön zu zahlen, um die Sache zu vertuschen.

B.B. weicht schnaubend zurück.

Haben Sie noch irgendwelche anderen Höflichkeiten, die Sie mir in meinem eigenen Haus erweisen möchten? Es wär mir lieb, Sie rückten damit heraus, bevor meine Frau zurückkommt. *Er zeichnet weiter.*

RIDGEON Mein Entschluß ist gefaßt. Wenn das Gesetz versagt, müssen ehrliche Menschen eigene Mittel und Wege finden. Ich werde keinen Finger rühren, um diese Bestie zu retten.

B.B. Bestie, das ist das Wort, das ich gesucht habe.

WALPOLE Ich kann mir nicht helfen, Dubedat, ich mag Sie trotzdem. Aber Sie sind wahrhaftig ein extremer Fall.

SIR PATRICK Sie wissen jetzt, was für eine Meinung wir von Ihnen haben.

LOUIS *legt den Stift hin, geduldig:* Sehen Sie. Das ist alles sinnlos. Sie verstehen nichts. Sie bilden sich ein, ich sei ein gewöhnlicher Verbrecher.

WALPOLE Kein gewöhnlicher, Dubedat. Seien Sie gerecht gegen sich.

LOUIS Nun, Sie sind alle zusammen auf dem Holzweg. Ich bin kein Krimineller. All Ihr Moralisieren hat keinen Wert für mich. Ich glaube nicht an die Moral. Ich bin ein Anhänger von Bernard Shaw.

SIR PATRICK *verwirrt:* Was?

B. B. *mit einer Handbewegung, als ob die Sache damit für ihn erledigt wäre:* Das genügt. Mehr brauche ich nicht zu hören.

LOUIS Natürlich bilde ich mir nichts darauf ein, und ich weiß nicht, ob ich mein Vorbild jemals erreichen werde. Aber es ist ein Ideal, dem ich nachstrebe. So wie jeder Mensch seinem Ideal nachstrebt.

B. B. *unduldsam:* Genug. Ich verstehe Sie jetzt vollkommen. Sagen Sie nichts mehr, bitte. Wenn einer vorgibt, über Wissenschaft, Moral und Religion zu diskutieren, und sich dann offen als Anhänger eines notorischen Impfgegners bekennt, da gibt es nichts mehr zu sagen. *Wendet sich plötzlich an Ridgeon:* Mein lieber Ridgeon, nicht daß ich an die Impfung im volkstümlichen Sinne irgendwie mehr als Sie glaube. Das brauche ich Ihnen nicht zu sagen. Aber es gibt Dinge, die einen Menschen einer gewissen Gesellschaftsschicht zuordnen, und die Impfgegnerschaft ist eines davon. *Er setzt sich wieder auf seinen Platz zu Füßen von Sir Patrick.*

SIR PATRICK Bernard Shaw? Kenn ich gar nicht. Ein Methodistenprediger, vermute ich.

LOUIS *empört:* Nein, nein, er ist einer der fortschrittlichsten Menschen, die je gelebt haben. Er war nichts Bestimmtes.

SIR PATRICK Ich versichere Ihnen, junger Mann, mein Vater hörte John Wesley noch mit eigenen Ohren, wenn er von der Vergebung der Sünden predigte, bevor Sie oder Mr. Shaw überhaupt geboren waren. Das war eine sehr ge-

145

bräuchliche Lehre, um Betrügereien jedweder Art zu rechtfertigen. Sie sind ein echter Methodist, mein Junge, Sie wissen es bloß noch nicht.

LOUIS *zum erstenmal verärgert:* Das ist eine Beleidigung des Verstandes. Ich glaube nicht daran, daß es so etwas wie Sünde gibt.

SIR PATRICK Nun, Sir, es gibt auch Leute, die nicht daran glauben, daß es so etwas wie Krankheit gibt. Die nennen sich Gesundbeter, glaub ich. Die sind für Ihren Fall das richtige. Wir können nichts für Sie tun. *Er steht auf:* Guten Tag.

LOUIS *geht zu ihm hin:* Bitte, gehen Sie nicht, Sir Patrick. Bleiben Sie sitzen. Bitte. Ich wollte Sie nicht kränken, wirklich. Setzen Sie sich wieder hin. Geben Sie mir noch diese Gelegenheit. Noch zwei Minuten. Mehr brauch ich nicht.

SIR PATRICK *erstaunt über den Charme und ein wenig gerührt:* Meinetwegen – *Er setzt sich hin.*

LOUIS *taktvoll:* Tausend Dank. *Er zeichnet weiter.*

SIR PATRICK *fährt fort:* – die zwei Minuten machen mir nichts aus. Aber erwarten Sie nichts von mir. Ich praktiziere nicht mehr, und ich gestehe, daß ich nicht in der Lage bin, Ihnen zu helfen. Ihr Leben liegt in den Händen meiner Kollegen.

RIDGEON Nicht in meinen. Ich habe vollauf zu tun. Ich habe keine Zeit und keine verfügbaren Mittel für diesen Fall.

SIR PATRICK Und was sagen Sie dazu, Mr. Walpole?

WALPOLE Oh, ich werde ihn übernehmen. Ich habe nichts dagegen. Ich bin vollkommen davon überzeugt, daß es sich letzten Endes nicht um Moral handelt. Es ist ein durchaus physischer Fall. Sein Gehirn arbeitet anomal. Das hängt wahrscheinlich mit einem krankhaften Zustand zusammen, der das Rückenmark betrifft. Und das wieder deutet auf den Kreislauf hin. Somit scheint mir klar, daß er an einer Form von obskurer Blutvergiftung leidet, die mit ziemlicher Sicherheit von einer Ansammlung gärender Stoffe im Parabeutel herrührt. Ich werde den Beutel entfernen.

LOUIS Das heißt, Sie wollen mich operieren? Nein, ich bedanke mich.

WALPOLE Keine Angst. Sie spüren überhaupt nichts. Sie sind vollkommen betäubt. Und es wird außerordentlich interessant werden. Für uns beide.

LOUIS Gut, wenn es Sie interessiert, und es tut nicht weh, das ist was anderes. Und wieviel bekomm ich dafür?

WALPOLE *steht empört auf:* Wieviel! Was soll das heißen?

LOUIS Oder soll ich dafür zahlen, daß Sie mir den Bauch aufschneiden dürfen?

WALPOLE Würden Sie mich etwa umsonst malen?

LOUIS Nein. Aber ich gebe Ihnen das Bild, wenn es fertig ist, und Sie können es später vielleicht für das Doppelte weiterverkaufen. Aber meinen Parabeutel kann ich nicht verkaufen, wenn Sie ihn herausgeschnitten haben.

WALPOLE Ridgeon, haben Sie jemals so etwas gehört? *Zu Louis:* Dann behalten Sie Ihren Beutel und Ihre tuberkulöse Lunge und Ihr krankes Gehirn. Ich bin fertig mit Ihnen. Als ob ich ihm nicht einen Gefallen erweisen wollte! *Er geht zurück zu seinem Klavierstuhl und setzt sich zornig hin.*

SIR PATRICK Da bleibt nur noch einer übrig, der Ihren Fall nicht abgelehnt hat, Mr. Dubedat. Und das ist Sir Ralph Bloomfield Bonington.

WALPOLE Wenn ich Sie wäre, B. B., würde ich ihn nicht mit der Kneifzange anfassen. Lassen Sie ihn mit seiner Lunge ins Brompton Hospital gehen. Da werden sie ihn zwar nicht heilen, aber sie werden ihm Manieren beibringen.

B. B. Ich kann nun mal schlecht nein sagen, selbst ganz und gar unwürdigen Leuten gegenüber. Im übrigen fühle ich mich verpflichtet zu sagen, daß es für mich als Mediziner vollkommen unmöglich ist, die Frage nach dem Wert des Lebens zu stellen, das ich retten soll. Überlegen Sie mal, Ridgeon. Hören Sie mich an, Paddy. Befreien Sie sich von aller Heuchelei, Walpole.

WALPOLE *entrüstet:* Ich denke nicht daran zu heucheln.

B.B. Ganz recht. Also jetzt sehen Sie sich mal meine Praxis an. Es ist eine Praxis, die Sie vermutlich modern nennen, eine elegante Praxis, eine Praxis in der besten Gegend. Und nun verlangen Sie von mir, ich sollte mich fragen, ob meine Patienten auf irgendeine Weise für sich oder für jemand anders nützlich sind. Wenn Sie das durchdiskutieren und wollen es wissenschaftlich analysieren, werden Sie dieses Problem ad absurdum führen. Sie werden herausbekommen, daß die Mehrzahl der Menschen, wie mein Freund Mr. Barrie es kurz und bündig formuliert hat, besser tot wäre. Besser tot. Es gibt Ausnahmen, ohne Zweifel. Zum Beispiel, es gibt den Hof, eine im höchsten Sinn sozialdemokratische Einrichtung, unterhalten von öffentlichen Geldern, weil die Öffentlichkeit es will und ihn gern hat. Meine höfischen Patienten sind Leute, die fleißig arbeiten und dadurch andere zufriedenstellen. Auch ein Herzog oder zwei sind darunter, deren Güter wahrscheinlich besser bewirtschaftet sind, als wenn sie in öffentlicher Hand wären. Aber was den Rest der Menschen betrifft, wenn ich davon anfangen wollte, so würde das Urteil fraglos lauten: besser tot. Wenn von denen einer stirbt, sag ich dasselbe manchmal als Trost, kaum verhüllt, der Familie. *Durch den Tonfall der eigenen Stimme eingelullt, wird er schläfrig und schläfriger:* Die Tatsache, daß die Leute für den medizinischen Beistand so übermäßig viel Geld ausgeben, ist für mich kein Grund, meine Fähigkeiten zu vergeuden, um sie – so wie sie sind – am Leben zu erhalten. Meine Honorare sind hoch, sicher, aber ich habe auch enorme Ausgaben. Meine persönlichen Ansprüche sind gering, ein Feldbett, ein paar Zimmer, ein Stück Brot, eine Flasche Wein, und ich bin glücklich und zufrieden. Die Ansprüche meiner Frau mögen üppiger sein, aber selbst sie beklagt einen Aufwand, der nur den einen Zweck hat, einen Status aufrechtzuerhalten, den meine Patienten von ihrem Arzt gewöhnt sind. Das und – das – und – *Wird plötzlich wach:*

Ich hab den Faden verloren. Worüber hab ich gesprochen, Ridgeon?

RIDGEON Über Dubedat.

B. B. Ach ja. Richtig. Danke. Dubedat, natürlich. Nun, und was ist unser Freund Dubedat? Ein lasterhafter, unwissender junger Mann mit einem Talent zum Zeichnen.

LOUIS Danke. Nehmen Sie keine Rücksicht auf mich.

B. B. Aber andererseits, was sind viele von meinen Patienten? Lasterhafte, unwissende junge Leute ohne Talent zu irgendwas. Wäre ich gezwungen, über ihren Wert nachzudenken, müßte ich auf drei Viertel meiner Praxis verzichten. Ich denke also nicht darüber nach. Und als ehrlicher Mann, der sich dies bei zahlenden Patienten zur Regel gemacht hat, kann ich da eine Ausnahme machen bei einem Patienten, der alles andere als ein zahlender Patient ist, nämlich viel mehr ein Patient, der einen anpumpt? Nein. Ich sage, nein. Mr. Dubedat, Ihr moralischer Charakter geht mich dabei gar nichts an. Ich betrachte Sie vom rein wissenschaftlichen Standpunkt aus. Für mich sind Sie ganz einfach ein Schlachtfeld, auf dem eine Invasionsarmee von Tuberkelbazillen gegen die heimische Streitmacht der Phagozyten kämpft. Diese Phagozyten gilt es zu stärken und zu vermehren. Und ich werde sie vermehren, aber nur, weil ich es Ihrer Frau versprochen habe und weil meine Prinzipien mir nicht erlauben, ein Versprechen zu brechen. Aber jede weitere Verantwortung lehne ich ab. *Er setzt sich erschöpft auf seinen Platz.*

SIR PATRICK Also, Mr. Dubedat, da Sir Ralph sich so freundlich angeboten hat, Ihren Fall zu übernehmen, und da die zwei Minuten, die ich Ihnen zugesagt hatte, um sind, muß ich Sie bitten, mich zu entschuldigen. *Er steht auf.*

LOUIS Aber gewiß. Ich habe das, was ich von Ihnen wollte. *Steht auf und hält ihm den Zeichenblock hin:* Da! Während Sie geredet haben, hab ich was getan. Was ist von Ihrem Moralisieren übrig geblieben? Ein bißchen Stickstoff, der die Luft verschlechtert hat. Und was ist übrig geblieben von meiner Arbeit? Hier. Sehen Sie sich's an. *Ridgeon steht auf und sieht es an.*

SIR PATRICK *steigt zu ihm herunter:* Sie Grünschnabel, Sie wollten mich also nur zeichnen?

LOUIS Natürlich. Was sonst?

SIR PATRICK *nimmt das Blatt und brummt beifällig:* Das ist ziemlich gut. Finden Sie nicht, Colly?

RIDGEON Ja. So gut, daß ich es gerne haben möchte.

SIR PATRICK Danke, aber das behalte ich lieber selbst. Was meinen Sie, Walpole?

WALPOLE *steht auf und tritt hinzu:* Nein, bei Gott, das muß ich haben.

LOUIS Ich wollte, ich könnte es Ihnen geben, Sir Patrick. Aber ich würde Ihnen eher fünf Pfund schenken, als mich davon zu trennen.

RIDGEON Was das betrifft, ich gebe Ihnen sechs.

WALPOLE Zehn.

LOUIS Ich denke, Sir Patrick hat, als Modell sozusagen, einen moralischen Anspruch darauf. Darf ich es Ihnen für zwölf Pfund zuschicken?

SIR PATRICK Zwölf Pfund! Nein, junger Mann, und wenn Sie Präsident der königlichen Akademie wären. *Er gibt das Blatt zurück und nimmt seinen Hut.*

LOUIS *zu B. B.:* Wollen Sie es für zwölf haben, Sir Ralph?

B.B. *tritt zwischen Louis und Walpole:* Zwölf Pfund? Danke, dafür nehm ich's. *Er nimmt das Blatt und gibt es Sir Patrick:* Nehmen Sie es von mir an, Paddy, und mögen Sie noch lange Ihre Freude daran haben.

SIR PATRICK Danke Ihnen. *Er legt das Blatt in seinen Hut.*

B.B. Ich brauche wohl nicht sofort mit Ihnen abzurechnen, Mr. Dubedat. Mein Honorar wird mehr als das betragen. *Er nimmt seinen Hut.*

LOUIS *entrüstet:* Nun, bei allem, was recht ist – *Ihm fehlen die Worte:* Ich würde mich eher umbringen, als so was zu tun. Das ist glatter Diebstahl.

SIR PATRICK *trocken:* Da haben wir Sie also doch dazu gebracht, an die Moral zu glauben, wie?

LOUIS Puh! *Zu Walpole:* Ich werde was Neues für Sie machen, Walpole, wenn Sie mir die zehn Pfund geben, von denen Sie sprachen.

WALPOLE Schön. Ich werde bezahlen, wenn Sie mir's abliefern.

LOUIS Wofür halten Sie mich? Haben Sie kein Vertrauen zu mir?

WALPOLE Kein bißchen.

LOUIS Oh ja, natürlich, wenn das Ihre Meinung ist, können Sie nicht anders. Aber bevor Sie gehn, Sir Patrick, lassen Sie mich Jennifer holen, wenn es Ihnen nichts ausmacht. Ich weiß, sie wird sich freuen, Sie zu sehn. *Er geht an die hintere Tür:* Und noch ein Wort. Sie haben alle ziemlich offen über mich gesprochen – in meinem eigenen Haus noch dazu. Mir macht das nichts aus, ich bin ein Mann und kann mich selber schützen. Aber wenn Jennifer kommt, erinnern Sie sich bitte daran, daß sie eine Lady ist und daß man Sie für Gentlemen hält. *Er geht hinaus.*

WALPOLE Das ist doch – – *Er hält die Situation für unbeschreibbar und nimmt seinen Hut.*

RIDGEON Verdammte Unverschämtheit!

B. B. Es würde mich gar nicht überraschen zu hören, daß er aus gutem Hause ist. Sooft ich sicheres Auftreten und Selbstbeherrschung antreffe, ohne daß ein plausibler Grund dafür vorliegt, diagnostiziere ich gute Familie.

RIDGEON Sagen Sie künstlerisches Genie, B. B. Das rettet seine Selbstachtung.

SIR PATRICK So ist die Welt nun mal. Die anständigen und bescheidenen Leute werden immer von talentierten Angebern beschimpft und aus der Fassung gebracht.

B. B. *weigert sich, das zu akzeptieren:* Ich bin nicht aus der Fassung gebracht. Ich würde, bei Gott, gern jemand sehn, der mich aus der Fassung bringen kann.

Jennifer kommt herein.

Ah, Mrs. Dubedat! Und wie geht es uns heute?

151

JENNIFER *schüttelt ihm die Hand:* Ich danke Ihnen allen so sehr, daß Sie gekommen sind. *Sie schüttelt Walpole die Hand:* Ich danke Ihnen, Sir Patrick. *Sie schüttelt Sir Patrick die Hand:* Das Leben ist wieder lebenswert, seit ich Sie kennengelernt habe. Ich habe keinen Augenblick mehr Angst gehabt. Und vorher, immer Angst, nichts als Angst. Wollen Sie nicht Platz nehmen und mir das Ergebnis der Beratung mitteilen?

WALPOLE Ich gehe schon mal, Mrs. Dubedat, wenn es Ihnen nichts ausmacht. Ich habe eine Verabredung. Lassen Sie mich nur noch sagen, daß ich mit meinen Kollegen hier völlig einer Meinung bin, was die Art des Falles betrifft. Mit den Ursachen und der Heilung habe ich nichts zu tun, ich bin nur Chirurg. Diese Gentlemen sind Internisten und werden Sie beraten. Ich hätte da eigene Ansichten, ich habe sie tatsächlich, und sie sind meinen Kollegen bekannt. Wenn Sie mich brauchen – und schließlich wird man mich brauchen –, so weiß jeder, wo ich zu finden bin. Ich bin immer für Sie da. Für heute also guten Tag und auf Wiedersehn. *Er geht und verwirrt Jennifer durch seinen unerwarteten Aufbruch und sein steifes Benehmen.*

SIR PATRICK Auch mich bitte ich zu entschuldigen, Mrs. Dubedat.

RIDGEON *besorgt:* Sie gehen?

SIR PATRICK Ja, ich kann hier nicht helfen, und ich muß nach Hause. Wie Sie wissen, Madam, praktiziere ich nicht mehr. Ich kann also den Fall nicht übernehmen. Die Sache entscheidet sich zwischen Sir Colenso Ridgeon und Sir Ralph Bloomfield Bonington. Die beiden kennen meine Meinung. Ihnen einen guten Tag, Madam. *Er geht auf die Tür zu.*

JENNIFER *hält ihn zurück:* Das hat doch nichts Schlimmes zu bedeuten, oder? Geht es ihm schlechter?

SIR PATRICK Nein, nicht schlechter. Er ist genau derselbe wie in Richmond.

JENNIFER Oh, vielen Dank. Sie haben mich so erschreckt. Entschuldigen Sie.

SIR PATRICK Nicht der Rede wert, Madam. *Er geht hinaus.*

B. B. Also, Mrs. Dubedat, wenn ich den Patienten in meine Obhut nehme —

JENNIFER *erschrocken, mit einem Blick auf Ridgeon:* Sie! Aber ich dachte, daß Sir Colenso —

B. B. *lächelt in der Überzeugung, daß es für sie eine willkommene Überraschung ist:* Meine liebe gnädige Frau, Ihr Mann soll mich haben.

JENNIFER Aber —

B. B. Kein Wort. Es ist mir ein Vergnügen, Ihretwegen. Sir Colenso Ridgeon wird an seinem Platz sein, im bakteriologischen Institut. Ich werde an meinem Platz sein, am Krankenbett. Ihr Mann wird behandelt werden, als ob er ein Mitglied der königlichen Familie wäre.

Jennifer fühlt sich unbehaglich und will wieder protestieren.

Keine Dankbarkeit. Es würde mich verwirren, bitte nicht. Und jetzt darf ich fragen, ob Sie an diese Wohnung gebunden sind. Natürlich, das Auto hat die Entfernungen verringert, aber ich gestehe, es wäre für mich ein klein wenig bequemer, wenn Sie ein bißchen näher wohnten.

JENNIFER Wie Sie sehen, gehören das Atelier und die Wohnung zusammen. Wir könnten in eine Pension ziehen. Aber ich habe so schlechte Erfahrungen damit. Das Personal ist furchtbar unehrlich.

B. B. Ach! Wirklich? Wirklich? Gott ja!

JENNIFER Ich war nie gewöhnt, meine Sachen abzuschließen. Und ich vermißte ständig kleine Beträge. Schließlich geschah etwas Schreckliches. Ein Fünfpfundschein war weg. Die Spur führte zu dem Zimmermädchen, und die behauptete doch wirklich, Louis hätte ihr das Geld gegeben. Aber er ließ nicht zu, daß ich etwas gegen sie unternahm. Er ist so zartfühlend, daß solche Dinge ihn rasend machen.

B. B. Aha – hm – na ja – sagen Sie nichts mehr, Mrs. Dubedat. Sie werden nicht umziehn. Wenn der Berg nicht zum Propheten kommt, muß der Prophet eben zum Berg kommen. Also gut. Ich werde Ihnen schreiben und eine Zusammenkunft festsetzen. Wir werden beginnen, die Phagozyten zu stimulieren am – am – wahrscheinlich nächsten Dienstag, aber wie gesagt, ich gebe Ihnen noch Bescheid. Verlassen Sie sich auf mich. Regen Sie sich nicht auf, essen Sie regelmäßig, schlafen Sie gut, bleiben Sie in Schwung, halten Sie den Patienten bei guter Laune und hoffen Sie das Beste. Kein Mittel übertrifft eine charmante Frau, keine Medizin ist besser als Frohsinn und keine Zuflucht so gut wie die Wissenschaft. Auf Wiedersehn, auf Wiedersehn, auf Wiedersehn. *Er schüttelt ihr die Hand, geht auf die Tür zu, bleibt stehn und wendet sich an Ridgeon:* Schicken Sie mir Dienstag morgen einige Ampullen von Ihrem Antitoxin. Sie wissen schon. Vergessen Sie es nicht. Wiedersehn, Colly. *Er geht hinaus.*

RIDGEON Sie sehen wieder so mutlos aus.

Sie ist den Tränen nahe.

Was ist los? Sind Sie enttäuscht?

JENNIFER Ich weiß, ich sollte sehr dankbar sein. Glauben Sie mir, ich bin sehr dankbar. Aber – aber –

RIDGEON Nun?

JENNIFER Ich hatte mein Herz daran gehängt, daß Sie Louis heilen.

RIDGEON Sir Ralph Bloomfield Bonington ist –

JENNIFER Ja, ich weiß, ich weiß. Es ist ein großes Privileg, von ihm behandelt zu werden. Aber ich hatte nur an Sie gedacht. Vielleicht ist es unvernünftig, ich kann es mir nicht erklären, aber ich hatte ein so starkes Gefühl, daß Sie ihn heilen werden. Ich habe es nicht – ich kann es nicht haben bei Sir Ralph. Und Sie hatten es mir versprochen. Warum geben Sie Louis auf?

RIDGEON Ich habe es Ihnen erklärt. Ich kann keinen neuen Fall übernehmen.

JENNIFER Und in Richmond?

RIDGEON In Richmond dachte ich noch, ich hätte Platz für einen weiteren Fall. Aber mein alter Freund Dr. Blenkinsop

hat Anspruch darauf. Er ist auch lungenkrank. Das wußte
ich nicht.

JENNIFER Meinen Sie diesen älteren Mann – diesen ziemlich
albernen –

RIDGEON *unterbricht sie streng:* Ich meine den Gentleman,
der mit uns gegessen hat. Ein ausgezeichneter und ehren-
werter Mann, dessen Leben so wertvoll ist wie das irgendeines anderen. Ich habe vereinbart, daß ich seinen Fall
übernehme und daß Sir Ralph Bloomfield Bonington Mr.
Dubedat übernimmt.

JENNIFER *empört:* Jetzt weiß ich Bescheid! Oh! Sie sind nei-
disch und gemein und grausam. Und ich dachte, Sie stehen
darüber.

RIDGEON Wie meinen Sie das?

JENNIFER Denken Sie, ich merke das nicht? Aber so war es ja
immer. Was bringt denn alle gegen ihn auf? Können Sie
ihm nicht verzeihen, daß er Ihnen überlegen ist? Daß er
klüger ist? Daß er tapferer ist? Daß er ein großer Künstler
ist?

RIDGEON Das alles kann ich ihm verzeihen.

JENNIFER Oder haben Sie sonst was gegen ihn? Ich habe
schon viele, die gegen ihn waren, aufgefordert – ich habe
sie herausgefordert, von Angesicht zu Angesicht, mir zu
sagen, was er Schlechtes getan, welchen niedrigen Gedanken er geäußert hat. Und keiner konnte es, nicht ein einziger. Nun fordere ich Sie heraus. Was haben Sie ihm vorzuwerfen?

RIDGEON Ich bin wie all die anderen. Von Angesicht zu
Angesicht mit Ihnen weiß ich nichts gegen ihn vorzubringen.

JENNIFER Aber Ihr Benehmen hat sich verändert. Und Sie
haben Ihr Versprechen gebrochen.

RIDGEON Immerhin, einige der besten Mediziner Londons
haben über ihn beraten, und eine der führenden Kapazitä-
ten hat seinen Fall übernommen. Sicher –

JENNIFER Oh, es ist so grausam, mir das immer wieder vorzurechnen. Es scheint ja zu stimmen und mich ins Unrecht zu setzen. Aber es stimmt nicht. Denn zu Ihnen habe ich Vertrauen, und zu den andern hab ich kein Vertrauen. Kein bißchen. Wir hatten schon so viele Ärzte. Ich weiß, wie es sich anhört, wenn sie nur reden und reden und nichts tun können. Bei Ihnen ist es anders. Das spüre ich. Sie müssen mich anhören, Doktor. *Plötzlich besorgt:* Verletzt es Sie, wenn ich einfach Doktor zu Ihnen sage?

RIDGEON Unsinn. Ich bin Doktor. Aber Sir Ralph dürfen Sie nicht so nennen.

JENNIFER Was geht mich Sir Ralph an. Sie müssen mir helfen. Bitte, setzen Sie sich und hören Sie mich an. Ein paar Minuten noch.

Er nickt ernst und nimmt auf dem Sofa Platz. Sie setzt sich auf den alten Stuhl vor der Staffelei.

Danke. Ich will Sie nicht lange aufhalten, aber ich muß Ihnen die ganze Wahrheit sagen. Hören Sie, ich kenne Louis, wie kein anderer Mensch auf der Welt ihn kennt oder jemals kennen wird. Ich bin seine Frau. Ich weiß, er hat kleine Fehler. Er ist ungeduldig, empfindlich und sogar selbstsüchtig. Fehler, die ihm zu unerheblich sind, als daß er sie wahrnimmt. Und ich weiß, daß er in Geldangelegenheiten die Leute manchmal schockiert, weil er sich nichts daraus macht und nicht versteht, wie wichtig das Geld für gewöhnliche Leute ist. Sagen Sie mir, hat er – hat er Geld von Ihnen geborgt?

RIDGEON Er hat mal um etwas gebeten – einmal.

JENNIFER *mit Tränen in den Augen:* Oh, es tut mir leid – so leid. Aber er wird es nie wieder tun. Ich gebe Ihnen mein Wort. Er hat es mir versprochen, hier an dieser Stelle, kurz bevor Sie kamen, und er wird es halten. Das war seine einzige wirkliche Schwäche, und jetzt ist sie bezwungen und für immer erledigt.

RIDGEON War das wirklich seine einzige Schwäche?

JENNIFER Er ist vielleicht manchmal schwach Frauen gegenüber, weil sie ihn anbeten und sich ihm an den Hals werfen.

Und natürlich halten ihn normale und einfältige Menschen
für böse, wenn er sagt, daß er nicht an die Moral glaubt.
Verstehen Sie? Und dann dieser Klatsch, der dadurch entsteht und der solange wiederholt wird, bis sogar gute
Freunde gegen Louis sind.

RIDGEON Ich verstehe.

JENNIFER Wenn Sie nur seine guten Seiten kennen würden,
so wie ich! Wissen Sie, Doktor, wenn er sich durch eine
wirklich schlechte Tat entehrte, ich würde mich umbringen.

RIDGEON Bitte! Übertreiben Sie nicht.

JENNIFER Doch, das würde ich tun. Ich weiß, die Leute hier
begreifen so was nicht.

RIDGEON Sie haben wohl in Ihrem Cornwall nicht viel von
der Welt gesehen?

JENNIFER *naiv:* Oh doch. Ich habe jeden Tag sehr viel von
der Schönheit der Welt gesehn – mehr als Sie jemals hier in
London sehen können. Aber ich habe sehr wenige Leute
gekannt, wenn es das ist, was Sie meinen. Und ich war das
einzige Kind.

RIDGEON Das erklärt eine ganze Menge.

JENNIFER Ich hatte viele Träume, aber zuletzt wurden sie alle
zu einem Traum.

RIDGEON *mit einem halben Seufzer:* Ja, der gewöhnliche
Traum.

JENNIFER *überrascht:* Ist er gewöhnlich?

RIDGEON Nehm ich an. Oder was war Ihr Traum?

JENNIFER Ich wollte mein Leben nicht nutzlos verbringen.
Ich selber konnte nichts tun, aber ich hatte ein kleines
Vermögen, um etwas damit anzufangen. Außerdem sah ich
ganz gut aus – halten Sie mich bitte nicht für eitel, weil ich
das weiß. Und ich wußte, daß geniale Menschen anfangs
immer einen schrecklichen Kampf mit der Armut und der
Mißachtung zu bestehen haben. Mein Traum war, einen
davon zu erretten und etwas Zauber und Glück in sein
Leben zu bringen. Ich flehte zum Himmel, mir einen sol-

157

chen Menschen zu schicken. Und ich glaube fest daran, daß Louis die Erfüllung meiner Bitte bedeutete. Er glich keineswegs den anderen Männern, die ich gekannt hatte, wie die steil aufragende Küste von Cornwall nicht den flachen Ufern der Themse gleicht. Er sah alles, was ich sah, und er malte es für mich. Er hatte für alles Verständnis. Er kam zu mir wie ein Kind. Und stellen Sie sich vor, Doktor, nicht einmal den Wunsch mich zu heiraten hatte er. Niemals dachte er wie andere Männer! Ich mußte es ihm vorschlagen. Darauf sagte er, er hätte kein Geld. Aber als ich ihm sagte, daß ich welches hatte, meinte er nur: oh schön, ganz wie ein Kind. Und so ist er immer noch, ganz unverdorben. Ein Mann in seinen Gedanken, ein großer Dichter und Künstler in seinen Träumen und ein Kind in seinem Benehmen. Ich gab mich ihm hin mit allem, was ich hatte, damit er unter möglichst guten Bedingungen zu seiner wahren Größe wachsen konnte. Wenn ich den Glauben an ihn verliere, bedeutet das den Schiffbruch meines Lebens. Das wäre das Ende. Ich würde zurück nach Cornwall gehen und sterben. Ich kann Ihnen den Felsen zeigen, von dem ich mich ins Meer stürzen werde. Sie müssen ihn heilen. Sie müssen ihn wieder gesund machen für mich. Ich weiß, daß nur Sie das können und niemand anders. Ich beschwöre Sie, es mir nicht zu verweigern. Übernehmen Sie Louis' Behandlung, und lassen Sie Sir Ralph den Doktor Blenkinsop heilen.

RIDGEON *langsam:* Mrs. Dubedat, glauben Sie wirklich so an mein Wissen und an meine Fähigkeiten, wie Sie sagen?

JENNIFER Unbedingt. Ich vertraue ganz oder gar nicht.

RIDGEON Gut. Ich werde Sie prüfen – hart. Sie müssen mir glauben, wenn ich Ihnen sage, daß ich das, was Sie mir eben erzählt haben, verstehe, daß ich keinen anderen Wunsch habe, als Ihnen in treuer Freundschaft zu dienen, und daß Ihr Held Ihnen erhalten bleiben muß.

JENNIFER Oh, verzeihen Sie. Verzeihen Sie mir alles, was ich gesagt habe. Sie werden ihn mir erhalten.

RIDGEON Unter allen Umständen.

Sie küßt seine Hand. Er steht hastig auf.

Nein. Sie haben noch nicht alles gehört.

Sie steht auf.

Denn die einzige Chance, Ihnen Ihren Helden zu erhalten, liegt darin, die Behandlung Ihres Mannes Sir Ralph anzuvertrauen.

JENNIFER *fest:* Wenn Sie es sagen. Dann habe ich keine Zweifel mehr. Danke.

RIDGEON Auf Wiedersehn.

Sie schüttelt ihm die Hand.

Ich hoffe auf eine beständige Freundschaft.

JENNIFER Ich auch. Meine Freundschaften kann nur der Tod beenden.

RIDGEON Der Tod macht allem ein Ende, nicht wahr? *Er geht, mit einem Seufzer und einem mitleidigen Blick auf sie, den sie nicht versteht.* Wiedersehn.

Vierter Akt

Im Atelier. Die Staffelei ist nach hinten an die Wand gescho-
ben. Die Gliederpuppe als Kardinal, mit Sichel und Stunden-
glas wie Szepter und Reichsapfel in den Händen, sitzt auf dem
erhöhten Sessel. Am Kleiderständer hängen die Hüte von Sir
Patrick und Sir Ralph. Walpole, der eben gekommen ist,
hängt seinen daneben. Es klopft. Walpole öffnet die Tür und
sieht Ridgeon.

WALPOLE Hallo, Ridgeon!
  Ridgeon kommt herein, sie gehen zusammen in die Mitte
  des Raums und ziehen die Handschuhe aus.
RIDGEON Wie steht's? Man hat Sie also auch gerufen.
WALPOLE Wir sind alle da. Ich hab ihn noch nicht gesehn.
  Die Frau unten sagt, daß der alte Paddy Cullen und B. B.
  schon seit einer halben Stunde hier sind.
  Sir Patrick kommt mit ernstem Gesicht aus der hinteren
  Tür.
  Was ist los?
SIR PATRICK Sehn Sie selber. B. B. ist noch drin.
  Walpole geht. Ridgeon will ihm folgen, aber Sir Patrick
  hält ihn mit einem Blick zurück.
RIDGEON Was ist passiert?
SIR PATRICK Erinnern Sie sich an den Arm von Jane Marsh?
RIDGEON Das also?
SIR PATRICK Genau das. Seiner Lunge geht es wie ihrem Arm.
  Einen solchen Fall hab ich noch nie gesehn. Er macht die
  galoppierende Schwindsucht von drei Wochen in drei Ta-
  gen durch.
RIDGEON B. B. ist also in die negative Phase geraten.
SIR PATRICK Negativ oder positiv, der Bursche ist erledigt. Er
  wird den Tag nicht überleben. Das geht ganz plötzlich. Ich
  hab es oft erlebt.

RIDGEON Hauptsache, er stirbt, bevor seine Frau ihn durchschaut. Alles andere ist egal, ich habe es ohnehin erwartet.

SIR PATRICK *trocken:* Ein bißchen hart für den Jungen, getötet zu werden, weil seine Frau eine zu hohe Meinung von ihm hat. Glücklicherweise schweben nur wenige von uns in solcher Gefahr.

Sir Ralph kommt durch die hintere Tür herein, menschlich betroffen, aber beruflich erregt und mitteilsam.

B. B. Ah, da sind Sie ja, Ridgeon. Paddy hat Ihnen natürlich schon erzählt.

RIDGEON Ja.

B. B. Es ist ein enorm interessanter Fall. Wissen Sie, Colly, bei Gott, wenn ich nicht wüßte, daß ich, streng wissenschaftlich, die Phagozyten angeregt hätte, würde ich sagen, ich hätte die andern Dinger erwischt. Was ist die Erklärung dafür, Sir Patrick? Wie beurteilen Sie die Sache, Ridgeon? Haben wir die Phagozyten zu sehr angeregt? Haben sie nicht nur die Bazillen verzehrt, sondern auch die roten Blutkörperchen angegriffen und zerstört? Eine Möglichkeit, die das blasse Aussehen des Patienten vermuten läßt. Oder ist am Ende sogar die Lunge selbst ihrer Freßgier zum Opfer gefallen? Oder fressen sie sich gegenseitig auf? Ich werde eine Abhandlung über diesen Fall schreiben.

Walpole kommt zurück, sehr ernst, sogar bestürzt. Er tritt zwischen Ridgeon und B. B. und wendet sich diesem zu.

WALPOLE Oh je! Diesmal haben Sie es geschafft.

B. B. Was wollen Sie damit sagen?

WALPOLE Ihn umzubringen. Der schlimmste Fall einer vernachlässigten Blutvergiftung, den ich jemals gesehen habe. Jetzt kann man nichts mehr machen, zu spät. Er würde in der Narkose sterben.

B. B. *beleidigt:* Umgebracht! Wirklich, Walpole, ich würde einen solchen Ausdruck sehr ernst nehmen, wenn ich Sie mit Ihrer fixen Idee nicht so gut kennen würde.

SIR PATRICK Hören Sie! Wenn Sie beide erst so viele Leute umgebracht haben wie ich in meinem Leben, werden Sie sparsamer mit Ihren Gefühlen umgehn. Sehen wir nach ihm, Colly.

Ridgeon und Sir Patrick gehen nach hinten.

WALPOLE Ich entschuldige mich, B. B., aber es ist Blutvergiftung.

B. B. *mit der alten unwiderstehlichen Gutmütigkeit:* Mein lieber Walpole, alles ist Blutvergiftung. Aber, bei meiner Seele, ich werde das Zeug von Ridgeon nicht mehr anwenden. Was mich so empfindlich macht gegen das, was Sie gerade sagten, ist, daß Ridgeon unserem jungen Freund den Garaus gemacht hat.

Jennifer, verstört und traurig, aber immer freundlich, kommt von hinten. Sie hat einen Schwesternkittel an.

JENNIFER Sir Ralph, was soll ich tun? Der Mann, der mich unbedingt sprechen wollte und sagen ließ, es wäre wichtig, ist Reporter. Heute morgen erschien in der Zeitung eine Notiz, daß Louis ernsthaft erkrankt ist, und deshalb möchte der Mann ihn interviewen. Wie können Menschen nur so brutal und gefühllos sein?

WALPOLE *geht rachedurstig auf die vordere Tür zu:* Lassen Sie, ich werde mich mit ihm befassen.

JENNIFER *hält ihn zurück:* Aber Louis besteht darauf, ihn zu sehen. Er hat fast geweint deswegen. Und er sagt, er kann es in seinem Zimmer nicht länger aushalten. Er sagt, er will in seinem Atelier – *sie kämpft mit dem Schluchzen:* – sterben. Sir Patrick sagt, ich soll ihm seinen Willen lassen. Es kann ihm nicht schaden. Was sollen wir nur machen?

B. B. *ermutigt sie:* Den ausgezeichneten Rat von Sir Patrick befolgen, natürlich. Wie er ganz richtig sagt, kann es nicht schaden, und es wird dem Patienten ohne Zweifel gut tun – sehr gut sogar. Er wird sich hier besser fühlen.

JENNIFER *ein bißchen getröstet:* Und würden Sie den Mann heraufholen, Mr. Walpole? Und ihm sagen, daß er Louis sehen kann, aber er soll ihn nicht durch vieles Reden ermüden.

Walpole nickt und geht durch die vordere Tür ab.

Sir Ralph, seien Sie nicht böse, aber Louis wird sterben, wenn er in dieser Stadt bleibt. Ich muß ihn nach Cornwall bringen. Dort wird er gesund werden.

B. B. *merkwürdig heiter, als ob Dubedat schon gerettet wäre:* Cornwall! Das ist die richtige Gegend für ihn! Wundervoll für die Lunge. Wie töricht von mir, nicht selber darauf gekommen zu sein. Sie sind letzten Endes sein bester Arzt, meine liebe Mrs. Dubedat. Eine Eingebung! Cornwall, natürlich, ja, ja, ja.

JENNIFER *gerührt:* Sie sind so gütig, Sir Ralph. Aber machen Sie mir nicht zuviel Hoffnung, oder ich werde weinen, und das kann Louis nicht ertragen.

B. B. *legt sanft seinen schützenden Arm um ihre Schulter:* Dann lassen Sie uns zu ihm gehen und ihn hereintragen helfen. Cornwall! Natürlich, natürlich. Das ist das Richtige!

Sie gehen zusammen nach hinten. Walpole kommt mit dem Reporter, einem gutgelaunten, freundlichen jungen Mann, der für einen regulären Beruf untauglich ist infolge eines geistigen Gebrechens, das ihn unfähig macht, das, was er sieht, genau zu beschreiben, oder das, was er hört, genau zu verstehn und wiederzugeben. Da die einzige Beschäftigung, bei der diese Mängel nicht schaden, der Journalismus ist, war er gezwungen, Journalist zu werden. Er hat ein Notizbuch bei sich und versucht gelegentlich zu notieren. Da er aber weder stenografieren noch schnell schreiben kann, gibt er meist wieder auf, bevor er einen Satz zustande gebracht hat.

REPORTER *blickt umher und unternimmt unentschlossene Versuche, sich Notizen zu machen:* Das ist sein Atelier, nehm ich an.

WALPOLE Ja.

REPORTER *witzig:* Wo er mit seinen Modellen ist, wie?

WALPOLE *grimmig:* Kein Zweifel.

REPORTER Kollerbulose, sagten Sie, hat er?

WALPOLE Tuberkulose. *Buchstabiert:* T-u-b-e-r-k-u-l-o-s-e.

REPORTER Aha! Tuberkulose. Auch eine Krankheit. Ich dachte schon, er hätte die Schwindsucht. Gehören Sie zur Familie, oder sind Sie der Doktor?

WALPOLE Weder das eine noch das andere. Ich bin Cutler Walpole, Chirurg. Schreiben Sie das auf. Dann notieren Sie Sir Colenso Ridgeon.

REPORTER Pidgeon?

WALPOLE Ridgeon. *Reißt ihm das Notizbuch aus der Hand:* Geben Sie her. Sie schreiben die Namen ja doch falsch. Ich mach das schon. Das kommt davon, wenn man einen ungelernten Beruf ausübt, ohne Qualifikation und ohne Prüfungen. *Er schreibt.*

REPORTER Uns von der Presse haben Sie wohl gefressen?

WALPOLE Und wie. Ich wollte, ich könnte bessere Menschen aus euch machen. Passen Sie auf. *Zeigt ihm das Geschriebene:* Das sind die Namen der drei Doktoren. Dies ist der Patient. Dies ist die Adresse. Und hier die Krankheit. *Er klappt das Buch zu und gibt es zurück:* Mr. Dubedat kommt gleich. Er empfängt Sie, weil er nicht weiß, wie schlecht es ihm geht. Wir erlauben Ihnen ein paar Minuten, um ihn aufzumuntern, aber wenn Sie anfangen zu quasseln, fliegen Sie raus. Er kann jeden Moment sterben.

REPORTER *neugierig:* Steht es so schlecht um ihn? Ich sag's ja, heut ist ein Glückstag für mich. Haben Sie etwas dagegen, wenn ich Sie fotografiere? *Macht seine Kamera bereit:* Können Sie nicht eine Lanzette oder so was in die Hand nehmen?

WALPOLE Weg mit dem Ding. Wenn Sie ein Bild von mir brauchen, nehmen Sie eins aus der Serie berühmter Männer, die es überall zu kaufen gibt.

REPORTER Aber dafür muß ich bezahlen. Wenn Sie nichts dagegen haben –? *Will fotografieren.*

WALPOLE Ich habe was dagegen. Weg damit, sag ich. Setzen Sie sich hin und seien Sie ruhig.

Der Reporter setzt sich flink auf den Klavierstuhl, als

*Louis in einem Rollstuhl von Jennifer und Sir Ralph
hereingeschoben wird. Sie halten an der Stelle, wo vorher
die Staffelei gestanden hat. Louis hat sich kaum verändert
und ist nicht verstört. Seine Augen sehen größer aus, und
physisch ist er so schwach, daß er sich kaum bewegen kann
und ermattet am Kissen lehnt, aber sein Geist ist hellwach.
Er macht das Beste aus seiner Verfassung, die Schwäche ist
ihm Wollust und der Tod ein Drama. Er macht auf alle,
gegen ihren Willen, einen starken Eindruck, außer auf
Ridgeon, der unversöhnlich ist. B. B. ist voller Mitgefühl
und Vergebung. Ridgeon folgt dem Stuhl mit Milch und
Medikamenten auf einem Tablett. Sir Patrick, der ihn begleitet, nimmt den Teetisch aus der Ecke und stellt ihn vor
den Stuhl, auf den Ridgeon das Tablett absetzt. B. B. stellt
einen Stuhl für Jennifer an die Seite von Louis und vor das
Podium, von wo die Gliederpuppe den sterbenden Künstler betrachtet. B. B. geht zurück auf die andere Seite. Jennifer setzt sich hin. Walpole setzt sich auf den Rand des
Podiums. Ridgeon steht neben ihm.*

LOUIS *selig:* Das ist Glück. Im Atelier sein! Glück!

JENNIFER Ja, Lieber. Sir Patrick sagt, du darfst so lange hier-
bleiben, wie du willst.

LOUIS Jennifer.

JENNIFER Mein Liebling.

LOUIS Ist der Mann von der Zeitung da?

REPORTER *eifrig:* Hier, Mr. Dubedat. Ich bin hier, zu Ihren
Diensten. Ich vertrete die Presse. Ich dachte, Sie würden
uns noch gern ein paar Worte über – über – nun, einige
Worte über ihre Krankheit und die weiteren Pläne.

LOUIS Meine weiteren Pläne sind höchst einfach. Ich werde
sterben.

JENNIFER *gequält:* Louis – Liebster –

LOUIS Mein Liebling. Ich bin sehr schwach und müde. Ver-
lang nicht diese fürchterliche Anstrengung, daß ich so tue,
als ob ich es nicht wüßte. Ich habe zugehört, als ich dalag
und die Ärzte miteinander flüsterten – ich mußte heimlich

lachen. Sie wissen Bescheid. Liebste, wein nicht. Das macht dich häßlich, und das ertrag ich nicht.

Sie trocknet die Augen und richtet sich auf.

Du mußt mir was versprechen.

JENNIFER Ja, ja, alles was du willst. *Flehend:* Nur, Lieber, bitte, nicht sprechen. Das schwächt dich zu sehr.

LOUIS Dafür muß es noch reichen. Ridgeon, geben Sie mir irgendwas, das mich für ein paar Minuten stärkt – ich habe noch einiges zu sagen, bevor ich gehe.

RIDGEON *zu Sir Patrick:* Es schadet ihm wohl nicht? *Er gießt etwas in ein Glas und will Wasser zuschütten.*

SIR PATRICK *korrigiert ihn:* Mit Milch. Damit er nicht hustet.

LOUIS *nachdem er getrunken hat:* Jennifer.

JENNIFER Ja, Lieber.

LOUIS Ich mag keine Witwen. Versprich mir, daß du niemals Witwe sein wirst.

JENNIFER Lieber, was soll das heißen?

LOUIS Ich will, daß du schön bist. Die Leute sollen in deinen Augen lesen, daß du meine Frau warst. In Italien zeigte man auf Dante und sagte: ›Das ist der Mann, der in der Hölle war‹. Ich will, daß man auf dich zeigt und sagt: ›Das ist die Frau, die im Himmel war‹. War es nicht der Himmel, Liebling – manchmal?

JENNIFER Oh ja, ja. Immer, immer.

LOUIS Wenn du in Schwarz gehst und weinst, werden die Leute sagen: ›Seht das elende Weib, ihr Mann hat sie elend gemacht‹.

JENNIFER Nein, niemals. Du bist Licht und Segen meines Lebens. Mein Leben hat erst mit dir begonnen.

LOUIS *mit glänzenden Augen:* Dann mußt du immer schöne Kleider tragen und die Welt verzaubern. Denk an all die wundervollen Bilder, die ich nie mehr malen werde.

Sie kann ein Schluchzen kaum verbergen.

All die Schönheit dieser Bilder muß dich verklären. Dein Anblick muß die Menschen zu Träumen verleiten, die kein Pinsel und keine Farbe wiederholen kann. Maler müssen

166

dich malen, als hätten sie nie zuvor eine sterbliche Frau gemalt. Es muß dich lauter Schönheit umgeben, in einer Atmosphäre von Wunder und Romantik. Dieses Bild müssen die Menschen vor sich sehn, wenn sie an mich denken. Das ist die Art von Unsterblichkeit, die ich wünsche. Das kannst du für mich sein, Jennifer. Es gibt eine Menge Dinge, die du nicht verstehst. Dinge, die jede Frau auf der Straße versteht. Aber das mit der Unsterblichkeit verstehst nur du. Versprich mir, daß du mich unsterblich machst. Versprich es mir. Und mach dieses schreckliche Theater nicht mit. Dieses Beerdigen mit Trauerflor und Tränen, mit welken Blumen und all dem verlogenen Geschwätz.

JENNIFER Ich verspreche es. Aber das alles ist noch weit weg, Lieber. Du kommst mit mir nach Cornwall und wirst gesund. Sir Ralph sagt es auch.

LOUIS Armer alter B. B.!

B. B. *zu Tränen gerührt, wendet sich ab und flüstert mit Sir Patrick:* Armer Junge! Der Verstand schwindet.

LOUIS Sir Patrick, sind Sie da?

SIR PATRICK Ja, ja. Ich bin hier.

LOUIS Wollen Sie sich nicht setzen? Sie können doch nicht mehr so lange stehn.

SIR PATRICK Ja, ja. Danke. Schon gut.

LOUIS Jennifer.

JENNIFER Ja, Lieber.

LOUIS *entzückt:* Erinnerst du dich an den brennenden Baum?

JENNIFER Ja, ja. Oh, Lieber, wie es mein Herz trifft, jetzt daran zu denken.

LOUIS Wirklich? Das erfüllt mich mit Freude. Erzähl ihnen davon.

JENNIFER Es war eigentlich nichts – nur einmal, zu Hause in Cornwall, als wir das erste Mal Feuer machten im Winter, da sahen wir in den Fensterscheiben, wie die Flammen vom Kamin sich spiegelten und draußen im Garten auf einem Lorbeerbaum zu tanzen schienen.

LOUIS Diese Farbe! Granatrot. Wie wehende Seide. Flüssige, liebliche Flammen, aufwärtsfließend durch die Lorbeerblätter, ohne sie zu verbrennen. Ich werde so eine Flamme sein. Es tut mir leid, die Würmer, die auf mich lauern, zu enttäuschen. Aber ich werde so eine Flamme im brennenden Busch. So oft du die Flamme siehst, Jennifer, wirst du denken, das bin ich. Versprich mir, daß ich verbrannt werde.

JENNIFER Oh, ich möchte mit dir kommen, Louis!

LOUIS Nein. Du mußt in den Garten sehn, wenn das Feuer brennt. Du hältst mich in dieser Welt. Du bist meine Unsterblichkeit. Versprich es.

JENNIFER Ich höre. Ich werde es nicht vergessen. Du weißt, daß ich es verspreche.

LOUIS Das ist alles. Nur mußt du noch die Bilder für meine Ausstellung aussuchen. Deinen Augen kann ich trauen. Das wirst du niemand anders tun lassen.

JENNIFER Bestimmt nicht.

LOUIS Dann gibt es nichts mehr, was uns quält, oder? Geben Sie mir noch etwas zu trinken. Ich bin furchtbar müde, aber wenn ich aufhöre zu sprechen, fange ich wohl nicht wieder an.

Sir Ralph gibt ihm zu trinken. Er trinkt und sieht ihn verschmitzt an.

Was meinen Sie, B. B., glauben Sie, es gibt irgend etwas, was Sie zum Schweigen bringen könnte?

B. B. *beinahe entgeistert:* Er verwechselt mich mit Ihnen, Paddy. Armer Kerl! Armer Kerl!

LOUIS *nachdenklich:* Ich hatte immer schreckliche Angst vor dem Tod, aber jetzt, wo er kommt, nicht mehr. Ich fühle mich vollkommen glücklich. Jennifer!

JENNIFER Ja, Lieber?

LOUIS Ich werde dir ein Geheimnis anvertrauen. Ich habe oft gedacht, daß unsre Heirat Heuchelei war und daß ich mich eines Tages davon frei mache und weglaufe. Aber jetzt, wo ich wirklich weggehe, ob ich will oder nicht, lieb

168

ich dich wirklich und bin völlig zufrieden, daß ich als Teil
von dir durchs Leben gehe und nicht als mein beschwerli-
ches Selbst.

JENNIFER *mit gebrochenem Herzen:* Bleib bei mir, Louis.
Oh, verlaß mich nicht, Liebster.

LOUIS Nicht daß ich selbstsüchtig bin. Bei allen meinen Feh-
lern glaube ich doch nicht, daß ich ein wirklicher Egoist
war. Kein Künstler ist das. Dafür ist die Kunst zu mächtig.
Du wirst wieder heiraten, Jennifer.

JENNIFER Oh, wie kannst du, Louis?

LOUIS *besteht darauf:* Weil Menschen, die glücklich verhei-
ratet waren, immer wieder heiraten. Nein, ich werde nicht
eifersüchtig sein. *Schelmisch:* Aber erzähl dem anderen
Mann nicht zuviel über mich, er wird es nicht mögen.
Beinahe kichernd: Ich werde die ganze Zeit über dein
Geliebter sein, aber er wird es nicht merken, der arme
Teufel.

SIR PATRICK Genug! Sie haben genug geredet. Ruhen Sie sich
aus.

LOUIS *schwach:* Ja, ich bin müde. Aber ich kann mich ja
gleich ausruhn. Ich hab Ihnen noch einiges zu sagen. Sie
sind doch alle hier? Ich bin zu schwach, um etwas anderes
zu sehn außer Jennifers Busen. Da kann man ausruhen.

RIDGEON Wir sind alle da.

LOUIS *erschrocken:* Diese Stimme klingt schrecklich. Nehmen Sie sich in acht, Ridgeon. Meine Ohren hören Dinge,
die die Ohren anderer Leute nicht hören. Ich habe gedacht
– und gedacht. Ich bin klüger, als Sie sich vorstellen.

SIR PATRICK *flüstert Ridgeon zu:* Sie gehen ihm auf die Ner-
ven, Colly. Verschwinden Sie lieber.

RIDGEON *flüstert:* Wollen Sie den sterbenden Schauspieler
seines Publikums berauben?

LOUIS *mit mutwillig aufleuchtendem Gesicht:* Ich hab's gehört, Ridgeon. Das war gut. Jennifer, Liebe, sei immer
freundlich zu Ridgeon. Er war der letzte, über den ich mich
amüsiert habe.

169

RIDGEON *unbarmherzig:* So?

LOUIS Aber es stimmt nicht. Sie sind es, der noch auf der Bühne steht. Ich bin schon halb auf dem Weg nach Hause.

JENNIFER *zu Ridgeon:* Was haben Sie gesagt?

LOUIS *antwortet für ihn:* Nichts, Liebe. Nur eins von diesen kleinen Geheimnissen, die Männer für sich behalten. Nun, Sie haben alle eine ziemlich schlechte Meinung von mir gehabt und haben es mir gesagt.

B. B. *überwältigt:* Nein, nein, Dubedat. Durchaus nicht.

LOUIS Doch, doch. Ich weiß, was Sie alle von mir denken. Glauben Sie nicht, daß ich darüber gekränkt bin. Ich vergebe Ihnen.

WALPOLE *unwillkürlich:* Verdammt nochmal! *Schämt sich:* Oh, ich bitte um Verzeihung.

LOUIS Das war der alte Walpole, den ich kenne. Das soll Sie nicht bekümmern, Walpole. Ich bin vollkommen glücklich. Ich habe keine Schmerzen. Ich will nicht mehr leben. Ich bin mir selber entflohen. Ich bin im Himmel, unsterblich im Herzen meiner wunderschönen Jennifer. Ich fürchte mich nicht, und ich schäme mich nicht. *Grübelt, schwächer werdend, vor sich hin:* Ich weiß, daß ich im zufälligen, äußeren Leben nicht immer fähig war, nach meinen Idealen zu leben, wenn ich um das nackte Leben zu kämpfen hatte. Aber in meiner wirklichen, inneren Welt habe ich nie irgend etwas Schlechtes getan, habe nie meinen Glauben verleugnet und bin mir niemals untreu geworden. Ich wurde bedroht, man hat mich erpreßt und beleidigt, und ich habe gehungert. Aber ich habe fair gespielt. Ich hab mich nicht geschont. Und nun ist alles vorbei. Ein unbeschreiblicher Friede erfüllt mich. *Er versucht die Hände zu falten:* Ich glaube an Michelangelo, Velasquez und Rembrandt, an die Macht der Form, das Mysterium der Farbe, die unaufhörliche Erlösung aller Dinge durch Schönheit und an die Sendung der Kunst, die diese Hände gesegnet hat. Amen. Amen. *Er schließt die Augen und liegt still.*

JENNIFER *atemlos:* Louis, bist du –
Walpole steht auf und tritt schnell heran, um zu sehn, ob er tot ist.

LOUIS Noch nicht, Liebe. Gleich, aber noch nicht. Ich möchte meinen Kopf gern an deine Brust legen, aber es ist dir vielleicht lästig.

JENNIFER Nein, nein, nein, Liebling, wie könntest du mir lästig sein? *Sie hebt ihn und legt seinen Kopf an ihren Busen.*

LOUIS Das tut gut. Das ist das Wahre.

JENNIFER Schone mich nicht, Lieber. Wirklich, wirklich nicht. Lehn dich an mich mit aller Kraft.

LOUIS *plötzlich wie gekräftigt:* Jinny Gwinny, ich glaube, ich werde doch noch gesund.
Sir Patrick sieht Ridgeon bedeutungsvoll an.

JENNIFER *hoffnungsvoll:* Ja, ja, das wirst du.

LOUIS Weil ich schlafen möchte. Ganz einfach schlafen.

JENNIFER *wiegt ihn:* Ja, Lieber. Schlaf.
Er scheint einzuschlafen. Walpole macht noch eine Bewegung. Sie hält ihn auf.
Scht – scht, bitte, stören Sie ihn nicht.
Er bewegt die Lippen.
Was sagst du, Lieber? *In großer Trauer:* Ich kann so nichts hören.
Er bewegt wieder die Lippen. Walpole beugt sich über ihn und lauscht.

WALPOLE Er will wissen, ob der Mann von der Zeitung noch da ist.

REPORTER *angeregt, denn er hat sich glänzend unterhalten:* Ja, Mr. Dubedat. Hier bin ich.
Walpole hebt die Hand und gebietet ihm Schweigen. Sir Ralph setzt sich aufs Sofa und verbirgt sein Gesicht in seinem Taschentuch.

JENNIFER *erleichtert:* Das ist gut, Lieber, schone mich nicht. Lehn dich an mich, so fest du kannst. Jetzt ruhst du wirklich aus.

*Sir Patrick kommt schnell vor und faßt nach Louis' Puls,
dann nimmt er ihn bei den Schultern.*

SIR PATRICK Darf ich ihn ins Kissen zurücklegen? Es ist
besser für ihn.

JENNIFER *rührend:* Oh nein, bitte, Doktor. Er ist mir nicht zu
schwer. Und es wird ihn kränken, wenn er aufwacht und
sieht, daß ich ihn zurückgelegt habe.

SIR PATRICK Er wird nie wieder aufwachen.

*Er zieht den Körper von ihr weg in den Rollstuhl. Ridgeon,
unbewegt, läßt die Lehne herunter und macht eine Bahre
daraus.*

JENNIFER *die unerwartet aufgesprungen ist und aufrecht
und ohne Tränen dasteht:* War das der Tod?

WALPOLE Ja.

JENNIFER *mit vollkommener Würde:* Würden Sie einen Augenblick auf mich warten. Ich komme wieder. *Sie geht
nach hinten ab.*

WALPOLE Soll einer mitgehn, ist sie bei Sinnen?

SIR PATRICK *überzeugt:* Ja. Sie ist ganz da. Lassen Sie sie
allein. Sie kommt wieder.

RIDGEON *gleichgültig:* Schaffen wir die Leiche weg, bevor
die Frau zurückkommt.

B. B. *steht auf, schockiert:* Aber mein lieber Colly! Der arme
Junge. Er ist großartig gestorben.

SIR PATRICK Ja! Wie es von den Gottlosen geschrieben steht.
Denn sie sind in keiner Gefahr des Todes, sondern stehen
fest wie ein Palast.

Sie sind nicht im Unglück wie andere Leute und werden
nicht wie andere Menschen geplagt.

Wie dem auch sei. Es ist nicht an uns zu richten. Er ist in
einer anderen Welt.

WALPOLE Und pumpt sich da wahrscheinlich wieder Geld.

RIDGEON Ich sagte neulich, das Tragischste auf der Welt ist
ein kranker Arzt. Das war falsch. Tragisch auf der Welt ist
ein Mann von Genie, der kein Ehrenmann ist.

Ridgeon und Walpole schieben die Bahre in eine Nische.

REPORTER *zu Sir Ralph:* Ich finde, es beweist ein tiefes Gefühl, wenn er so darauf bestand, daß seine Frau ordentlich in Trauer geht und ihm versprechen mußte, nie wieder zu heiraten.

B. B. *eindrucksvoll:* Mrs. Dubedat wird nicht in der Lage sein, dieses Interview noch länger auszudehnen. Und wir auch nicht.

SIR PATRICK Einen schönen Tag noch.

REPORTER Mrs. Dubedat sagte, sie kommt wieder.

B. B. Nachdem Sie gegangen sind.

REPORTER Glauben Sie nicht, sie würde mir gern ein paar Worte zu dem Thema ›Wie fühlt man sich als Witwe‹ sagen? Ein ziemlich guter Titel für einen Artikel, finden Sie nicht?

B. B. Junger Mann, wenn Sie warten, bis Mrs. Dubedat zurück ist, können Sie einen Artikel über das Thema schreiben: ›Wie fühlt man sich, wenn man irgendwo rausgeschmissen worden ist‹.

REPORTER Sie meinen, sie würde lieber nicht –

B. B. *unterbricht ihn:* Guten Tag. *Gibt ihm eine Karte.* Versuchen Sie, meinen Namen richtig zu schreiben. Tag.

REPORTER Guten Tag. *Versucht zu lesen:* Mr –

B. B. Nein, nicht Mister. Das ist Ihr Hut, denk ich. *Gibt ihm seinen Hut.* Handschuhe? Nein, natürlich, keine Handschuhe. Guten Tag.

Er drängt ihn schließlich hinaus, schließt die Tür hinter ihm und geht zu Sir Patrick, als Ridgeon und Walpole wieder nach vorn kommen. Walpole geht an den Kleiderständer und Ridgeon stellt sich zwischen Sir Ralph und Sir Patrick.

Armer Junge! Der arme Junge! Wie schön er gestorben ist. Ich fühle mich wirklich als ein besserer Mensch.

SIR PATRICK Wenn Sie so alt sind wie ich, werden Sie wissen, daß es sehr wenig darauf ankommt, wie ein Mensch stirbt. Es kommt darauf an, wie er lebt. Jeder Narr, den eine Kugel erwischt, ist heutzutage ein Held, weil er fürs Vaterland stirbt. Warum lebt er nicht dafür und macht sich nützlich.

B.B. Nein, bitte, Paddy, urteilen Sie nicht zu hart über den armen Kerl. Nicht jetzt, nicht jetzt. War er denn wirklich so schlecht? Er hatte nur zwei Schwächen, Geld und Frauen. Nun, laßt uns ehrlich sein. Sagen Sie die Wahrheit, Paddy. Seien Sie kein Heuchler, Ridgeon. Lassen Sie die Maske fallen, Walpole. Ist es gegenwärtig um beides denn so gut bestellt, daß die Mißachtung der gesellschaftlichen Übereinkünfte wirklich auf Verderbtheit schließen läßt?

WALPOLE Ich habe nichts gegen seine Mißachtung der gesellschaftlichen Übereinkünfte. Zum Teufel mit allen Übereinkünften! Als Mann der Wissenschaft ist man weit davon entfernt, jemand wegen Geld und Frauengeschichten zu verachten. Was mich ärgerte, war, daß er alles gering schätzte, außer seiner eigenen Tasche und seiner eigenen Phantasie. Er hat die üblichen Gepflogenheiten nicht verachtet, wenn sie ihm was einbrachten. Hat er uns seine Bilder umsonst gegeben? Glauben Sie, er hätte gezögert, mich zu erpressen, wenn ich mich mit seiner Frau kompromittiert hätte? Er nicht.

SIR PATRICK Vergeuden Sie nicht Ihre Zeit damit, über ihn zu streiten. Ein Gauner ist ein Gauner, ein anständiger Mann ist ein anständiger Mann, und weder der eine noch der andere wird jemals eine Gelegenheit auslassen, mit Religion oder Moral zu beweisen, daß seine Art zu leben die richtige Art ist. Es ist dasselbe mit den Nationen, dasselbe mit den Berufen, mit allem in der Welt, und es wird immer so bleiben.

B.B. Nun ja, vielleicht, vielleicht, vielleicht. Doch, de mortuis nil nisi bene. Er ist außerordentlich schön gestorben, bemerkenswert schön. Er hat uns ein Beispiel gegeben, daran laßt uns denken, statt die Schwächen zu betonen, die mit ihm vergangen sind. Ich glaube, Shakespeare hat gesagt, daß das Gute die meisten Menschen überlebt und das Böse bei ihren Gebeinen begraben liegt. Paddy, wir sind alle sterblich. Das ist jedermanns Los, Ridgeon. Sagen Sie, was Sie wollen, Walpole, alle Schuld wird bezahlt. Wenn nicht heute, dann morgen.

> Morgen und morgen und morgen
> Nach des Lebens wechselhaftem Fieber schlafen sie aus.
> Und gleich dem wesenlosen Ziel, von dem
> Kein Wandrer wiederkehrt,
> Bleibt nicht ein Hauch zurück.

Walpole will etwas sagen, aber B. B., plötzlich verstärkt fortfahrend, bringt ihn zum Schweigen.

> Aus, aus das Licht:
> Denn der Verdammnis fügst du nichts hinzu,
> Bereit sei selber.

WALPOLE *sanft, denn B. B.s Gefühl, so abwegig es sich auch äußert, ist zu aufrichtig, als daß man sich darüber lustig machen könnte:* Ja, B. B., der Tod nimmt einen immer mit. Ich weiß nicht, warum, aber es ist so. Übrigens, was tun wir noch hier? Sollen wir verschwinden, oder warten wir lieber und sehn, ob Mrs. Dubedat zurückkommt?

SIR PATRICK Es ist besser, wir gehn. Wir können dem Hausmädchen sagen, was zu tun ist.

Sie nehmen ihre Hüte und gehen auf die vordere Tür zu.

JENNIFER *kommt von hinten, strahlend und wunderschön, prachtvoll gekleidet, mit einem purpurnen, kunstvoll besticktem Tuch aus Seide über dem Arm:* Es tut mir leid, daß ich Sie hab warten lassen.

Alle sind sehr betroffen.

SIR PATRICK Nicht der Rede wert, Madam. ⎤
B. B. Durchaus nicht, durchaus nicht. ⎥
RIDGEON Keineswegs. ⎬ *gemeinsam*
WALPOLE Macht gar nichts. ⎦

JENNIFER *tritt zu ihnen:* Ich möchte seinen Freunden noch einmal die Hand drücken, bevor wir heute auseinandergehn. Wir hatten zusammen teil an einem großen Vorrecht und an einem großen Glück. Ich glaube, wir können uns niemals mehr wie ganz gewöhnliche Leute fühlen. Wir hatten ein wundervolles Erlebnis, und das gibt uns ein gemeinsames Vertrauen, ein gemeinsames Ideal, wie es niemand anders so haben kann. Das Leben wird immer Schönheit für uns bedeuten, und auch der Tod bedeutet Schönheit für uns. Wollen wir uns die Hand darauf geben?

SIR PATRICK *gibt ihr die Hand:* Denken Sie daran, alle Papiere Ihrem Anwalt zu übergeben. Er muß alles sichten und ordnen. Das Gesetz verlangt es.

JENNIFER Ich danke Ihnen, das wußte ich nicht.

Sir Patrick geht.

WALPOLE Auf Wiedersehn. *Gibt ihr die Hand.* Ich schäme mich. Ich hätte darauf bestehen sollen zu operieren. *Er geht.*

B. B. Ich werde Ihnen Leute herschicken, die wissen, was zu tun ist. Sie sollen keine Mühe haben. *Schüttelt ihr die Hand.* Auf Wiedersehn, meine liebe, liebe Mrs. Dubedat. Wiedersehn. *Er geht.*

RIDGEON *reicht ihr die Hand:* Auf Wiedersehn.

JENNIFER *weicht majestätisch zurück:* Ich sagte, seinen Freunden, Sir Colenso.

Er macht eine Verbeugung und geht. Sie entfaltet das Seidentuch und geht in die Nische, um ihren Toten damit zu bedecken.

Fünfter Akt

In einer kleineren Bildergalerie der Bond Street. Der Eingang führt von hinten durch einen Verkaufsraum. Ungefähr in der Mitte der Galerie steht ein Schreibtisch, an dem der Sekretär, modern gekleidet, mit dem Rücken zum Eingang sitzt und einen Probeabzug des Kataloges korrigiert. Auf dem Tisch liegen einige Exemplare eines neuen Buches, der Hut des Sekretärs und ein paar Vergrößerungsgläser. Links vom Schreibtisch, etwas nach hinten, befindet sich eine kleine Tür mit der Aufschrift PRIVAT. Auf derselben Seite eine gepolsterte Bank an der Wand, die mit Dubedats Bildern bedeckt ist. Zwei Wandschirme, ebenfalls mit Bildern behängt, stehen außerdem in den Ecken links und rechts vom Eingang.

Jennifer, gut gekleidet und augenscheinlich sehr glücklich und wohlhabend, kommt aus der Tür mit der Aufschrift PRIVAT.

JENNIFER Sind die Kataloge schon da, Mr. Danby?

SEKRETÄR Noch nicht.

JENNIFER Das ist unerhört! Es ist viertel nach. Die Eröffnung ist in knapp einer halben Stunde.

SEKRETÄR Es ist vielleicht besser, ich geh rüber in die Druckerei und mach Dampf.

JENNIFER Wenn Sie so gut sein wollen, Mr. Danby. Ich werde Sie inzwischen vertreten.

SEKRETÄR Wenn irgend jemand vor der Eröffnung kommen sollte, beachten Sie ihn nicht. Der Pförtner läßt keinen rein, den er nicht kennt. Es gibt immer einige Leute, die gerne kommen, ehe das Gedränge anfängt – Leute, die wirklich kaufen, und die sehen wir natürlich gern. Haben Sie die Artikel in den Kunstzeitschriften gelesen?

JENNIFER *entrüstet:* Ja, es ist eine Schande. Sie schreiben so gönnerhaft, als wären sie Dubedat überlegen. Nach all den

Zigarren und Sandwiches beim Presseempfang und nach allem, was sie getrunken haben, finde ich es wirklich infam, daß sie so zu schreiben wagen. Ich hoffe, Sie haben ihnen keine Karten für heute geschickt.

SEKRETÄR Die würden sowieso nicht kommen. Es gibt ja heute kein kaltes Büfett. Die Vorausexemplare von Ihrem Buch sind gekommen. *Er zeigt auf die neuen Bücher.*

JENNIFER *stürzt sich auf ein Buch, erregt:* Geben Sie her. Oh! Entschuldigen Sie mich einen Augenblick. *Sie geht eilig damit in den Privatraum.*

Der Sekretär zieht einen Spiegel aus der Schreibtischschublade und macht sich vor dem Weggehn zurecht. Ridgeon kommt herein.

RIDGEON Guten Morgen. Darf ich mich umsehn, bevor es anfängt?

SEKRETÄR Gewiß, Sir Colenso. Es tut mir leid, die Kataloge sind noch nicht da. Ich geh gerade, um nachzusehn. Wenn Sie meine eigene Liste benutzen wollen.

RIDGEON Danke. Und was ist das? *Er nimmt eins von den neuen Büchern in die Hand.*

SEKRETÄR Sie sind eben gekommen. Die Vorausexemplare von Dubedats Biographie.

RIDGEON *liest den Titel:* Die Geschichte eines Königs der Menschen, erzählt von seiner Frau. *Sieht das Titelbild.* Ja, das ist er. Sie haben ihn sicher auch gekannt, nehme ich an.

SEKRETÄR Ja, wir kannten ihn. In mancherlei Hinsicht vielleicht sogar besser, als seine Frau ihn kannte, Sir Colenso.

RIDGEON Ich auch.

Sie sehen sich bedeutungsvoll an.

Ich werd mich ein bißchen umsehn.

Der Sekretär nimmt seinen Hut und geht hinaus. Ridgeon sieht sich die Bilder an. Gleich darauf kommt er zurück an den Tisch, nimmt sich ein Vergrößerungsglas und prüft ein Bild sehr sorgfältig. Er seufzt, schüttelt den Kopf, als ob er gezwungen wäre, die Faszination, die von dem Bild aus-

178

geht, zuzugeben, und kreuzt es dann auf der Liste des Sekretärs an. Während er seine Besichtigung fortsetzt, verschwindet er hinter einem Wandschirm. Jennifer kommt, ihr Buch in der Hand, zurück. Sie glaubt, allein zu sein, setzt sich an den Tisch und blättert voller Bewunderung für ihr erstes gedrucktes Werk in dem Buch. Ridgeon erscheint wieder, das Gesicht zur Wand, in Betrachtung der Bilder. Nachdem er die Lupe benützt hat, tritt er weiter zurück, um mit mehr Abstand einen Blick auf eins der größeren Bilder zu werfen. Sie macht das Buch zu, sieht sich um, erkennt ihn und starrt ihn an.

RIDGEON *schüttelt wieder den Kopf, ruft aus:* Ein begabtes Scheusal!

Sie reagiert, als ob er sie geschlagen hätte. Er geht an den Tisch, um die Lupe abzulegen, und sieht ihren starren Blick auf sich gerichtet.

Ich bitte um Verzeihung. Ich dachte, ich sei allein.

JENNIFER *beherrscht sich, spricht fest und bedeutungsvoll:* Ich freue mich, Sie zu sehn, Sir Colenso Ridgeon. Gestern traf ich Dr. Blenkinsop. Ich gratuliere Ihnen zu der wunderbaren Heilung.

Ridgeon findet keine Worte, macht, nach einem Augenblick verlegenen Schweigens, eine zustimmende Bewegung und legt Lupe und Liste auf den Tisch.

Er sieht gut aus. Gesund und kräftig und wohlhabend. *Sie sieht auf die Bilder an den Wänden, als wolle sie Blenkinsops Schicksal mit dem Dubedats vergleichen.*

RIDGEON *leise, noch verlegen:* Er hat Glück gehabt.

JENNIFER Sehr viel Glück. Sein Leben wurde gerettet.

RIDGEON Soviel ich weiß, ist er Arzt beim Gesundheitsamt geworden. Er hat den Präsidenten einer Bezirksversammlung sehr erfolgreich behandelt.

JENNIFER Mit Ihren Medikamenten?

RIDGEON Nein. Ich glaube, mit einem Pfund reifer Reneklöden.

JENNIFER *ernst:* Sehr komisch.

RIDGEON Ja. Das Leben hört nicht auf, komisch zu sein, wenn Leute sterben, sowenig wie es aufhört, ernst zu sein, wenn Leute lachen.

JENNIFER Dr. Blenkinsop sagte etwas sehr Seltsames zu mir.

RIDGEON Was denn?

JENNIFER Er sagte, den Privatärzten solle man durch Gesetz das Handwerk legen. Als ich fragte, warum, sagte er, daß die privaten Ärzte unwissende, amtlich zugelassene Mörder seien.

RIDGEON Diese Meinung ist bei öffentlich bestallten Ärzten allgemein. Nun, Blenkinsop müßte es eigentlich wissen. Er hat lange genug privat praktiziert. Lassen wir das! Sie haben mir etwas vorzuwerfen. Das seh ich Ihnen an, und ich hör es an Ihrer Stimme. Alles an Ihnen ist Vorwurf. Raus damit!

JENNIFER Für Vorwürfe ist es nun zu spät. Ich staune nur, wie Sie es fertigbringen, hierherzukommen und seine Bilder so gelassen anzusehn. Aber Sie haben schon darauf geantwortet. Für Sie war er nur ein begabtes Scheusal.

RIDGEON *zuckt zusammen:* Nicht doch. Ich wußte nicht, daß Sie hier sind.

JENNIFER *hebt den Kopf, fast hochmütig:* Sie glauben, es käme nur darauf an, ob ich es gehört habe. Als ob das mich oder ihn treffen könnte! Merken Sie es nicht: das wirklich Schreckliche ist, daß lebende Dinge für Sie keine Seele haben.

RIDGEON *skeptisch:* Die Seele ist ein Organ, dem ich bei meinen anatomischen Studien nicht begegnet bin.

JENNIFER Sie wissen genau, daß Sie nicht wagen würden, so etwas Dummes zu irgend jemand zu sagen, außer zu einer Frau, die Sie geringschätzen. Wenn Sie mich sezieren, werden Sie mein Gewissen nicht finden. Glauben Sie, ich habe keins?

RIDGEON Ich habe Leute gekannt, die keins hatten.

JENNIFER Begabte Scheusale? Wissen Sie, Doktor, daß einige meiner teuersten und treuesten Freunde, die ich jemals

gehabt habe, nur solche Scheusale und Bestien waren? Die
hätten Sie lebend seziert. Der teuerste und größte all meiner
Freunde war von einer Schönheit und Leidenschaft,
wie sie nur Tiere haben. Ich hoffe, Sie brauchen niemals
zu empfinden, was ich empfand, als ich ihn Leuten in die
Hände gab, die das Quälen von Tieren verteidigen, bloß
weil es Bestien sind.

RIDGEON Ach, hielten Sie uns wirklich für so grausam? Mit
mir wollen Sie ja nichts mehr zu tun haben, aber Sie sind
doch, wie ich höre, wochenlang mit den Bloomfield Boningtons
und den Walpoles zusammen.

JENNIFER Die Tiere in Sir Ralphs Haus sind wie verzogene
Kinder. Wenn Mr. Walpole seiner Bulldogge einen Splitter
aus der Pfote zieht, muß ich die Dogge halten, und Mr.
Walpole wartet, bis Sir Ralph das Zimmer verlassen hat.
Und Mrs. Walpole muß dem Gärtner sagen, daß er keine
Wespen totschlagen darf, wenn Mr. Walpole zusieht.
Aber es gibt Ärzte, die von Natur aus grausam sind, und
es gibt andere, die gewöhnen sich erst daran und werden
dann gefühllos. Sie werden blind für die Seele der Tiere,
und das macht sie blind für die Seelen der Menschen. Sie
haben bei Louis einen schrecklichen Fehler gemacht. Sie
würden ihn nicht gemacht haben, wenn Sie sich nicht
angewöhnt hätten, denselben Fehler bei Hunden zu machen.
Sie sehen nichts weiter in ihnen als sprachlose Tiere,
und so konnten Sie auch in ihm nichts sehen als ein begabtes
Tier.

RIDGEON *mit plötzlicher Entschlossenheit:* Ich habe nicht
den geringsten Fehler bei ihm gemacht.

JENNIFER Oh, Doktor!

RIDGEON *hartnäckig:* Nein, nicht den geringsten Fehler.

JENNIFER Haben Sie vergessen, daß er gestorben ist?

RIDGEON *zeigt auf die Bilder:* Er ist nicht gestorben. Da ist
er. *Nimmt das Buch auf.* Und da.

JENNIFER *springt auf:* Legen Sie es hin. Wie können Sie
wagen, es zu berühren?

Ridgeon, über den heftigen Ausbruch erstaunt, legt das Buch wieder hin. Sie nimmt es und sieht es an, als hätte er es entweiht.

RIDGEON Es tut mir leid. Es ist wohl besser, ich gehe.

JENNIFER *legt das Buch hin:* Ich bitte um Entschuldigung. Ich – ich vergaß mich. Aber es ist noch nicht erschienen – es ist nur ein Vordruck.

RIDGEON Ohne mich wäre es ein ganz anderes Buch geworden.

JENNIFER Aber ohne Sie wäre es länger geworden.

RIDGEON Sie wissen also, daß ich ihn umgebracht habe?

JENNIFER *plötzlich bewegt und sanft:* Oh, Doktor, wenn Sie das zugeben – wenn Sie sich das eingestanden haben – wenn Sie begreifen, was Sie angerichtet haben, dann gibt es Vergebung. Zuerst vertraute ich instinktiv Ihrer Stärke, dann dachte ich, ich hätte Stärke mit Gleichgültigkeit verwechselt. Können Sie mir deswegen einen Vorwurf machen? Aber wenn es wirklich Stärke war – wenn es nur ein Irrtum war, wie er uns allen manchmal unterläuft – es würde mich so glücklich machen, wenn wir wieder Freunde sein könnten.

RIDGEON Ich sage Ihnen, es war kein Irrtum. Ich habe Blenkinsop behandelt. Er wurde gesund.

JENNIFER Oh, nicht diesen albernen Stolz, Doktor. Gestehen Sie einen Mißerfolg ein und retten Sie unsre Freundschaft. Sie wissen doch, Sir Ralph gab Louis Ihr Medikament, und sein Zustand verschlimmerte sich.

RIDGEON Unter diesen Voraussetzungen kann ich nicht Ihr Freund sein. Die Wahrheit sitzt mir in der Kehle, sie muß heraus. Ich habe dasselbe Medikament bei Blenkinsop verwendet. Sein Zustand verschlimmerte sich nicht. Es ist ein gefährliches Mittel. Es heilte Blenkinsop. Louis Dubedat hat es getötet. Wenn ich es anwende, heilt es. Wenn ein anderer es anwendet, tötet es – manchmal.

JENNIFER *naiv, begreift nicht ganz:* Und warum überließen Sie es Sir Ralph, Louis damit zu behandeln?

RIDGEON Das will ich Ihnen sagen. Ich tat es, weil ich Sie liebte.

JENNIFER *unschuldig überrascht:* Liebte – Sie! Ein alter Mann!

RIDGEON *wie vom Donner gerührt:* Dubedat, du bist gerächt! *Er taumelt an die Bank und setzt sich.* Daran habe ich nie gedacht, daß ich in Ihren Augen ein alter lächerlicher Kauz bin.

JENNIFER Ich wollte Sie nicht beleidigen – aber Sie sind doch bestimmt zwanzig Jahre älter als ich.

RIDGEON Kann sein. Vielleicht auch mehr. In zwanzig Jahren wissen Sie, wie wenig das ausmacht.

JENNIFER Aber auch so, wie konnten Sie annehmen, daß ich – seine Frau – jemals an Sie hätte denken können.

RIDGEON *unterbricht sie mit einer Handbewegung:* Ja, ja, ja, ja. Ich verstehe vollkommen. Sie brauchen nicht darauf herumzureiten.

JENNIFER Aber – oh, das dämmert mir jetzt erst – ich war zu überrascht – Sie behaupten, daß Sie ihn absichtlich, aus Eifersucht – oh! Sie haben ihn ermordet.

RIDGEON Ich denke, das stimmt. So ungefähr ist es dazu gekommen. Ja. Ich habe ihn getötet.

JENNIFER Und das sagen Sie mir ins Gesicht! Mit dieser Gleichgültigkeit! Haben Sie keine Angst?

RIDGEON Ich bin Arzt. Ich habe nichts zu befürchten. Es ist nicht strafbar, einen Kranken von Sir Ralph behandeln zu lassen. Vielleicht sollte es das sein. Aber es ist es nicht.

JENNIFER Daran dachte ich nicht. Ich meinte, Angst davor, daß ich Louis räche und Sie töte.

RIDGEON Ich bin so unverbesserlich töricht Ihnen gegenüber, daß mir das gar nichts ausmachte. Sie würden jedenfalls immer an mich denken, wenn Sie es täten.

JENNIFER Für mich werden Sie von nun an immer der kleine neidische Mann sein, der versucht hat, einen großen Mann umzubringen.

RIDGEON Sie verzeihen. Es ist mir gelungen.

JENNIFER *mit ruhiger Überzeugung:* Nein. Ärzte denken, sie haben den Schlüssel für Leben und Tod in der Hand. Aber es ist nicht ihr Wille, der sich vollzieht. Ich glaube nicht, daß es wirklich in ihrer Macht liegt, Entscheidendes zu ändern.

RIDGEON Vielleicht nicht. Aber ich hatte die Absicht.

JENNIFER *sieht ihn erstaunt an, nicht ohne Mitleid:* Und Sie haben versucht, dieses wundervolle schöne Leben zu zerstören, weil Sie ihm die Frau mißgönnten, von der Sie doch nie erwarten konnten, daß sie sich etwas aus Ihnen macht!

RIDGEON Wer küßte mir die Hände? Wer glaubte an mich? Wer bot mir Freundschaft bis zum Tode an?

JENNIFER Die, die Sie betrogen haben.

RIDGEON Nein. Die ich rettete.

JENNIFER *sanft:* Bitte, Doktor, wovor?

RIDGEON Vor der Notwendigkeit, eine furchtbare Entdeckung zu machen. Vor einem verlorengegangenen Leben.

JENNIFER Wieso?

RIDGEON Das spielt keine Rolle. Ich habe Sie gerettet. Ich bin Ihnen der beste Freund gewesen, den Sie jemals hatten. Sie sind glücklich. Es geht Ihnen gut. Sein Werk bedeutet unvergängliche Freude und Stolz für Sie.

JENNIFER Und Sie bilden sich ein, das ist Ihr Verdienst. Oh Doktor, Doktor! Sir Patrick hat recht, Sie glauben, Sie sind ein kleiner Gott. Wie können Sie so dumm sein? Sie haben diese Bilder nicht gemalt, die mich unvergänglich erfreuen und stolz machen, Sie haben die Worte nicht gesagt, die mir immer wie himmlische Musik in den Ohren klingen werden. Ich höre seine Stimme, so oft ich müde oder bekümmert bin. Darum bin ich immer glücklich.

RIDGEON Ja, nun da er tot ist. Waren Sie immer glücklich, als er lebte?

JENNIFER *verletzt:* Oh, Sie sind grausam, grausam. Als er lebte, konnte ich seiner Größe nicht gerecht werden. Ich war oft kleinlich und ärgerte mich über ihn. Ich war unfreundlich zu ihm. Ich war seiner nicht würdig.

Ridgeon lacht bitter auf.
Beleidigen Sie mich nicht. Lästern Sie nicht. *Sie nimmt ein Buch an die Brust:* Oh, mein König der Menschen!

RIDGEON König der Menschen! Das ist zu ungeheuer, das ist grotesk. Wir grausamen Ärzte haben die Wahrheit vor Ihnen verborgen. Aber es ist wie mit allen Wahrheiten, sie lassen sich auf die Dauer nicht verbergen und wollen ans Licht.

JENNIFER Was für eine Wahrheit?

RIDGEON Was für eine Wahrheit! Nun, daß Louis Dubedat, König der Menschen, der vollkommenste Schurke, der gemeinste Halunke, der gefühlloseste, selbstsüchtigste Lump war, der jemals eine Frau elend gemacht hat.

JENNIFER *unerschüttert, ruhig und lieblich:* Er hat seine Frau zur glücklichsten Frau der Welt gemacht, Doktor.

RIDGEON Nein, bei allem, was wahr ist, er hat seine Witwe zur glücklichsten Frau der Welt gemacht. Und ich habe sie zur Witwe gemacht. Ihr Glück ist meine Rechtfertigung und meine Belohnung. Jetzt wissen Sie, was ich getan habe und was ich von ihm dachte. Zürnen Sie mir, soviel Sie wollen, wenigstens kennen Sie mich nun, wie ich wirklich bin.

JENNIFER *freundlich und ruhig:* Ich bin Ihnen nicht mehr böse, Sir Colenso. Ich wußte, daß Sie Louis nicht mochten. Aber das ist nicht Ihr Fehler. Sie haben ihn nicht begriffen, das ist alles. Sie begreifen nichts. Genauso, wie Sie nicht an meine Religion glauben. Es ist eine Art sechster Sinn, der Ihnen fehlt. *Mit einer beruhigenden Handbewegung:* Und denken Sie nicht, daß Sie mich so furchtbar getroffen haben. Ich weiß genau, was Sie mit seiner Selbstsucht meinen. Er hat alles für seine Kunst geopfert. In einem gewissen Sinn hätte er sogar jeden geopfert –

RIDGEON Jeden, ausgenommen sich selber. Dadurch verlor er das Recht, Sie zu opfern, und gab mir das Recht, ihn zu opfern. Das hab ich getan.

JENNIFER *schüttelt den Kopf, mitleidig:* Er war einer von den

185

Männern, die wissen, was Frauen wissen: nämlich daß es eitel und feige ist, sich selbst zu opfern.

RIDGEON Ja, wenn das Opfer verschmäht und in den Wind geschlagen wird. Nicht, wenn es zur Speise der Götter wird.

JENNIFER Das verstehe ich nicht. Ich kann darüber mit Ihnen nicht streiten. Sie sind klug genug, mich zu verwirren, aber beirren können Sie mich nicht. Sie sind so völlig, so ungeheuer im Unrecht, so unfähig, Louis zu beurteilen –

RIDGEON Wirklich? *Nimmt die Katalogliste vom Tisch:* Ich habe fünf Bilder angestrichen, die ich kaufen möchte.

JENNIFER Sie werden sie nicht bekommen. Louis' Schuldner bestanden darauf zu verkaufen. Aber heute habe ich Geburtstag, und mein Mann hat alle Bilder für mich aufgekauft.

RIDGEON Ihr was?

JENNIFER Mein Mann.

RIDGEON *stottert:* Was für ein Mann? Wessen Mann? Was heißt Mann? Wieso? Was? Wollen Sie damit sagen, daß Sie wieder geheiratet haben?

JENNIFER Haben Sie vergessen, daß Louis Witwen nicht mochte, und daß Leute, die glücklich verheiratet waren, immer wieder heiraten?

RIDGEON Dann habe ich einen völlig uneigennützigen Mord begangen!

Der Sekretär kommt mit einem Packen Kataloge zurück.

SEKRETÄR Gerade noch rechtzeitig, die ersten Kataloge. Wir machen auf.

JENNIFER *zu Ridgeon, höflich:* Ich freue mich, daß Ihnen die Bilder gefallen, Sir Colenso. Guten Morgen.

RIDGEON Guten Morgen. *Er geht auf die Tür zu, zögert, dreht sich um, als ob er noch was zu sagen hätte, läßt es und geht.*

Des Doktors Dilemma
Anmerkung des Autors

(Aus dem Programmheft zu einer Aufführung der Granville
Barker-Gesellschaft am Wallack's Theatre, New York,
26. März 1915; der Text erschien ohne Namen des Verfassers.)

Dieses Stück ist nicht nur eine künstlerische Auseinandersetzung mit medizinischen Umgangsformen und Moralen, sondern eine genaue Darstellung einer tatsächlichen Entdeckung in der Serumtherapie. Es ist auch eine Predigt, eine Tragödie, eine Sittenkomödie und eine Romanze. Und es ist dies alles nicht in jeweils anderen Teilabschnitten – dergestalt, daß auf ernsthafte Anliegen lustspielhafte Erleichterung folgen würde und den ernsthaften Szenen besonders gefühlvolle vorausgingen; es ist alles, was es ist, durchgehend. Seine unterschiedlichen Eigenschaften sind untrennbar, nicht aus dem Ganzen herauszulösen und gleichzeitig. In dieser Hinsicht ist es ein sehr typisches modernes Stück.

Im antiken griechischen Theater erreichte das Drama, ohne den Narren und den Tragöden in ein und demselben Stück je zusammenzubringen, eine Höhe, die seither nicht überschritten wurde. Sogar Euripides, der kühnste Erneuerer, ging nicht weiter, als seinem Herkules in der Tragödie *Alcestis* jenen Hauch von genialem Wüstling zu verleihen, der Falconbridge in Shakespeares *König Johann* halb zu einem Helden und halb zu dem macht, was wir einen Charakter nennen; doch war solches sogar im »Olymp« erlaubt, wo Vulkanus, Mars und Merkur die vollkommene Würde ihrer Göttlichkeit von Zeit zu Zeit kompromittierten. Und Herkules ist keineswegs ein Narr, noch sind die Szenen, in denen er auftritt, komödiantische Szenen. Erst im Mittelalter, als das Theater ein Teil der Kirche war und die Kirche die griechische Tradition für heidnisch ansah, begannen sich die beiden Genres zu vermischen. Kain freilich war nur ein schwacher Komödiant, fast so wie Squire Western bei Fielding, und genauso ungehobelt in seinen Reden, auch noch, wenn er mit seinem Gott haderte. Judas Ischariot aber war ein Erzschelm, desgleichen Shylock (bevor Edmund Kean und Irving die Rolle spielten). Und Simon von Kyrene, der Jesus das Kreuz tragen half, war auch ein komischer Charakter.

In der folgenden, der shakespearischen Aera, behält der Narr seine mittelalterliche Stellung auf der Bühne bei, nun in ein und demselben Stück mit dem Tragöden, aber es kommt nie zu Interferenzen. Der Pförtner in *Macbeth* spricht weder mit Macbeth persönlich, noch nimmt er irgendwelchen Anteil an dessen Dialogen. Der Narr in *Antonius und Cleopatra* spricht zwar zu Cleopatra in ihrem tragischsten Aufzug, bleibt aber nicht auf der Bühne, wenn sie stirbt. In *Hamlet* wird der Totengräber stumm und ehrfürchtig, wenn die Szene, mit der Bestattung der toten Ophelia, von der Komödie zur Tragödie überwechselt. Nur im *König Lear* finden wir die Szene unterteilt für den Tragöden, den Narren und den Wahnsinnigen, der – wie Hamlet und Ajax – zugleich der Held ist.

Als sich das Drama vom elizabethanischen Gipfel wieder abwärtsbewegte, trennten sich auch die Elemente wieder, und wir haben die ernsthafte Auseinandersetzung abermals weit entfernt von der komödiantischen Leichtigkeit. Dabei blieb es, bis Ibsen den viktorianischen Gipfel erstieg – ein Aufstieg, für den man die ziemlich verzweifelte Klassifikation der Tragikomödie erfinden mußte. *Des Doktors Dilemma* ist ein Post-Ibsen-Stück, und folglich haben die Szenen Doppelcharakter, ja sogar Dreifach- und Vierfachcharakter. Sie widersetzen sich jeder Klassifizierung. Mehr noch, die ineinander verflochtenen Stränge sind mit den alten englischen Strängen identisch, nicht mit den viel weniger zugespitzten und kontrastierenden Strängen der norwegischen Literatur, die nach deutschem oder dänischem Muster verlaufen. Was die altenglischen Stränge auszeichnet, ist ihre Überbetonung des Charakters bis hin zu Verstiegenheit und Karikatur; weshalb die englischen Autoren den romanischen Völkern immer ungestüm und barbarisch erscheinen. Der Verfasser von *Des Doktors Dilemma* nun ist mit Dickens aufgewachsen, der die typisch englische Überzeichnung zu wahrhaft ekstatischem Überquellen brachte – dank seiner herrlichen Begabung zur burlesken Übertreibung eines Charakters bis an die Schwelle übermütiger Irrwitzigkeit –, ohne doch je seinen Halt in der

Realität zu verlieren; weshalb jeder, auch wenn noch niemand ein menschliches Wesen so hat reden hören, wie Dickens' Gestalten reden, oder Dinge hat tun sehen, die sie tun, alte Bekannte in ihnen wiedererkennt, die wirklicher sind als die Realität und lebendiger als das Leben.

In diesem englischen Stil ist die Tragödie natürlich weiter von der Komödie entfernt als in jeder anderen Stilrichtung, weil sie sich darin herabläßt, sentimentales und romantisches Mitgefühl dermaßen auszubeuten, daß die Tragödie häufig rührselig wird, während die englische Komödie auf beinahe ungehörige Weise frei ist vom klassischen Snobismus und ohne Skrupel in der Farce, der Burleske und sogar der Harlekinade schwelgt. In dieser ungezwungenen Kunst führt uns die Verschmelzung von Tragödie und Komödie zum Simultaneffekt des vielschichtigen Lebens also weiter von der Theaterkonvention der jeweils undurchlässigen Einzelabteilungen weg als in der disziplinierteren französischen Schule, die unsere älteren Theaterkritiker so stark beeinflußt hat. Die Art und Weise, wie der Arzt in *Des Doktors Dilemma* dargestellt wird, bezieht ihren Antrieb viel stärker aus der bewegten Burleske, und die Darstellung des Reporters den ihren aus der Farce, als in einem vergleichbaren französischen Stück; daß Arzt und Reporter in der tragischsten Szene des Stückes gemeinsam auftreten, ist um so irritierender für alle, die ihren dramatischen Besitz gerne in getrennten Päckchen haben, egal wie listenreich man auch vorgeht, um gerade das Gegenteil sichtbar zu machen. Damit will ich aber nicht sagen, daß diese Darstellung nicht der Wirklichkeit entspricht oder gar eine Karikatur ist. Niemand würde behaupten, daß Dickens' englische Charaktermalerei wie Flaubert oder Maupassant sein soll. Die Methode ist eben eine ganz andere, und der Autor von *Des Doktors Dilemma* geht methodisch, obwohl er tief beeinflußt ist von der Kultur des Kontinents, die Dickens nie berührt hat, als ein Erbe von Dickens eindeutig auf die englische Art und Weise vor.

Das Stück wurde angeregt von einem tatsächlichen Erlebnis.

Eines Abends war der Autor im Untersuchungslabor des St. Mary Hospitals in London, wo Sir Almroth Wright soeben die klinische Technik seiner neuen Tuberkulosebehandlung mittels Impfung perfektioniert hatte, auf der Basis seiner Entdeckung des Opsonin und dessen natürlichem Produktionsrhythmus im menschlichen Körper, wie im ersten Akt des Stückes beschrieben. Damals hatte sich erst eine Handvoll begeisterter Forscher die Technik angeeignet. Während nun Sir Almroth seinem Besucher Bernard Shaw das Procedere erklärte, fragte jemand den großen Arzt, ob ein gewisser Patient, der neu eingeliefert worden war und den wir X nennen wollen, nach der neuen Methode behandelt werden solle. Sofort erhob sich ein Protest mit der Begründung, daß der Stab der qualifizierten Fachleute, zu jener Zeit weniger als zwanzig insgesamt, bis an die Grenzen des Erträglichen überarbeitet und daß X es »nicht wert« sei. Bernard Shaw witterte auf der Stelle einen dramatischen Stoff, wandte sich an Sir Almroth und sagte: »Haben Sie denn zu entscheiden, ob das Leben eines Menschen erhaltenswert ist, ehe Sie ihn in Behandlung nehmen?«; und obwohl dieses unvermittelte Setzen des i-Tüpfelchens, das für den Verfasser sehr bezeichnend ist, nicht unwidersprochen blieb, konnte sich niemand der harten Tatsache entziehen, daß die Chancen des Patienten, mit Opsonin behandelt zu werden, in diesem geschichtlichen Augenblick der medizinischen Entwicklung de facto von der hier im Labor herrschenden Beurteilung seines moralischen Wertes abhingen, zumal es unmöglich war, ihn in das Krankenhaus aufzunehmen, ohne einen anderen Patienten hinauszuwerfen oder bestenfalls zu verhindern, daß ein anderer aufgenommen wurde, der es möglicherweise eher »verdiente«. Die Entscheidung im Falle X mag nur zu einfach gewesen sein, da sein moralisches Konto offensichtlich stark überzogen war; doch erkannte der Dramatiker sofort, daß man den Fall nur auf einen sehr interessanten Patienten mit einem moralisch extrem fraglichen Soll-und-Haben-Stand und vielleicht noch einer sehr attraktiven Ehefrau zu übertragen brauchte, um das Dilemma des Arztes praktisch unlösbar und folglich hochdramatisch zu machen.

Dieses Dilemma ist in dem Stück nicht gelöst und wird nie gelöst werden. Ridgeons Wahl – für die Sir Almroth Wright übrigens in keiner Weise verantwortlich ist – kann nur aufgrund der Überlegung gerechtfertigt werden, daß es, da die gegenteilige Wahl, objektiv gesehen, genausowenig zu rechtfertigen gewesen wäre, keinen Beweggrund gab, weshalb Ridgeon einen Mann, dessen Lebenswandel er verachtete, nicht einem anderen, dessen Lebenswandel er respektierte, hätte opfern sollen – denn einer von beiden mußte geopfert werden. Der Autor protestiert jedoch heftig gegen die Annahme kompromißloser Verteidiger des Künstlers, wonach er ganz auf ihrer Seite stehe. Auch wenn Ridgeon die Moral des Stückes (wie er sie begreift) zuspitzt, indem er sagt, das Tragischste auf der Welt sei ein Mann von Genie, der kein Ehrenmann ist, leiht er seine Stimme nur scheinbar der puritanischen Überzeugung des Dramatikers selber, denn er sieht nicht, wie der Dramatiker, daß dieser Mann von Genie seinen eigenen Ehrbegriff hat, der ihm in seiner letzten Stunde genausoviel Trost gibt, wie Blenkinsop Trost gefunden haben mag durch seine anders geartete Ehrenhaftigkeit in Sachen des Geldes und gegenüber den Frauen. Die vernünftige Schlußfolgerung wäre, so scheint es, daß das Besitzen jenes hohen und seltenen Ehrbegriffs, welcher dem Künstler verbietet, in seiner Kunst nie etwas Geringeres zu leisten als die bestmögliche Arbeit, ihn keineswegs von der Verpflichtung befreit, auch die mehr allgemeinen Formen der Redlichkeit zu befolgen, die der Gesellschaft Zusammenhalt geben, lange bevor sie die Stufe erreicht, auf welcher die Kunst zu einer Lebensnotwendigkeit für sie wird; gleichwohl muß man dieser sicheren und ehrenwerten Schlußfolgerung die wichtige Einschränkung hinzufügen, daß ein Volk, wenn es sich an den schönen Künsten erfreuen möchte, soziale Bedingungen schaffen muß, unter welchen ein Künstler auch ehrlich und skrupulös sein kann, und zwar ohne Entbehrungen, die seiner Natur unerträglich sind.

Das vorliegende Stück ist, zumeist bei Laien, die es nie gesehen oder gelesen haben, verschrien als ein Angriff auf die Ärzte. Bei den Ärzten selbst ist es überaus beliebt; und in Amerika wurde es sogar von einem Ärzteteam produziert und aufgeführt. Das ist kaum verwunderlich, zumal alle Ärzte in dem Stück liebenswerte und generöse Charaktere sind, so sehr in der Tat, daß man dem Stück schon vorgeworfen hat, es stelle alle Ärzte als wahre »Engel« hin, die ihre Zeit damit verbringen, ihre Patienten honorarfrei zu visitieren, wohingegen der Künstler und der Reporter – das heißt Zugehörige der Berufsklasse, welcher der Autor selber angehört – in denkbar ungünstigem Licht erscheinen.

Der Autor hat sich zu verantworten für eine voreilige Behauptung, daß nämlich die Heroine die Art von Frau sei, die ihn mehr als jede andere auf Erden reizt und verärgert, wogegen das Publikum Jennifer nie mit solchen Augen gesehen hat. Die Erklärung liegt wahrscheinlich darin, daß Mr. Shaws Neigung, die Dinge zu betrachten und ihnen ins Gesicht zu blicken, nicht sehr weit verbreitet ist, und daß die meisten Leute sich behaglicher fühlen mit der Illusion von Jennifer als mit dem durchdringenden Blick eines Bernard Shaw.

Im übrigen braucht das Stück keine weitere Analyse, da es sich Schritt für Schritt vollkommen selbst erklärt, sobald es im Licht der alltäglichen Interessen und Ansichten betrachtet wird.

Anhang

Editorische Notiz

In der revidierten und endgültigen Ausgabe der Gesammelten Werke Bernard Shaws erscheint sein vom 11. August bis 12. September 1906 entstandenes Drama *Des Doktors Dilemma* im Untertitel ausdrücklich mit der Gattungsbezeichnung: Eine Tragödie. Frühere Ausgaben, darunter die bisherigen der deutschen Übersetzungen, klassifizieren das Werk hingegen als »Komödie in fünf Akten«, als »Komödie des Glaubens« oder als »Lustspiel« und verweisen damit anschaulich auf die Schwierigkeiten im Umgang mit dem Dramatiker Shaw, der Tragik nur zu gerne im komödiantischen Kostüm auftreten läßt, bzw. umgekehrt gerade in das Komische und Heitere tragische Momente einwebt, um der untrennbaren Wirklichkeit so nahe wie möglich zu kommen – getreu der Feststellung des Sir Colenso Ridgeon im vierten Akt von *Des Doktors Dilemma*: »Das Leben hört nicht auf, komisch zu sein, wenn Leute sterben, so wenig wie es aufhört, ernst zu sein, wenn Leute lachen.«

Überraschend ist die eindeutige Zuordnung in diesem besonderen Fall dennoch, erst recht, wenn man sich vergegenwärtigt, daß das nur ein Jahr zuvor entstandene Drama *Major Barbara* noch als Komödie hatte gelten sollen; der Grund dafür aber lag nicht so sehr in einem übertriebenen Zynismus Shaws als vielmehr in seiner fast unüberwindbaren Scheu vor der Rührseligkeit des typisch englischen Trauerspiels, die seinen Stolz, wenn sie auf der Bühne »zur Schau« gestellt wurde, empfindlich verletzte, während er in der Romanliteratur das Rührende und Gefühlvolle durchaus zu schätzen wußte. Wahrscheinlich aber war mit *Major Barbara* auch eine gewisse Toleranzgrenze vor allem bei der Kritik (nicht so sehr beim Publikum) erreicht worden, über die hinaus der Begriff der reinen Komödie nicht mehr angebracht erschien. Und da Shaw die »ziemlich verzweifelte Klassifikation der Tragikomödie« ablehnte, entschied er sich lieber gleich für die Tragödie.

Das Stück, nach einem einprägsamen Erlebnis innerhalb von nur vier Wochen geschrieben, wurde bereits am 20. November 1906 mit großem Erfolg am Royal Court Theatre in London uraufgeführt, wie *Major Barbara* ein Jahr zuvor, und zwar ebenfalls durch die Granville-Barker-Gesellschaft unter der Leitung von John Vedrenne und Harley Granville-Barker. Die Resonanz war so groß, daß Vedrenne und Barker daraufhin noch das Savoy Theatre im Londoner Westend anmieteten und dort frühere Stücke Shaws wie *Der Teufelsschüler*, *Helden* und *Cäsar und*

Cleopatra zur Wiederaufführung brachten. Über die beiden außergewöhnlichen Theaterdirektoren schreibt die Shaw-Biographin Margaret Shenfield: »Granville-Barker, selbst Dramatiker und später berühmt durch seine Shakespearekommentare, war der künstlerische Leiter des Theaters... Er war, wie das ganze Royal Court-Unternehmen überhaupt, von einem Idealismus und Kampfgeist beseelt, der dem Shaws ebenbürtig war – einer jugendlich-ungestümen Verehrung für das angeblich ›Unmögliche‹ und echter Freude am Diskutieren aller Probleme... In der Wahl seiner Stücke zeigte er sich ausgesprochen ›modern‹ – er spielte avantgardistische Werke so ›ungängiger‹ Autoren wie Maeterlinck, Galsworthy und Shaw. Kein üblicher kommerzieller Theaterdirektor hätte solche unweigerlichen Versager angerührt. Granville-Barker machte sie zum Stadtgespräch der Londoner Avantgarde-Kreise... John Vedrenne, ein erfahrener Geschäftsmann, betreute die finanzielle Seite und hielt Barkers Extravaganz in Grenzen.«

Gedruckt erschien das Stück erstmals in der deutschen Übersetzung von Siegfried Trebitsch unter dem Titel *Der Arzt am Scheideweg*, zunächst als Serienvorabdruck von Oktober–Dezember in der Berliner Zeitschrift *Nord und Süd*; 1909 dann in Buchform bei S. Fischer, Berlin. Die erste englische Textausgabe erschien 1911 in einem Sammelband gemeinsam mit *Getting Married* (deutsch: *Heiraten*) und *The Shewing-Up of Blanco Posnet* (deutsch: *Blanco Posnets Erweckung*); 1913 auch als Einzelausgabe. Die neue deutsche Übersetzung von Hans Günter Michelsen unter dem Titel *Des Doktors Dilemma* ist die seit 1969 gültige.

Den Titel für seine Tragödie entlehnte Shaw der gleichnamigen Erzählung einer Kollegin namens Hesba Stretton, die ihr Einverständnis dazu gegeben hatte. Shaws Danksagung und sein Hinweis auf dieses Zitat sind der englischen Ausgabe vorangestellt. Inhaltlich weist das Drama jedoch keine Bezüge zu dem Prosawerk oder auch nur Anklänge daran auf.

Auslösendes Erlebnis für die Gestaltung seines Stoffes war, wie Shaw in seinen Begleittexten zu *Des Doktors Dilemma* schildert, ein Vorfall im Londoner St. Mary Krankenhaus, dessen leitendem Stab seit 1902 der englische Pathologe Sir Almroth Wright (1861–1947; 1906 zum Ritter geschlagen) angehörte. Sir Wright, mit Shaw gut befreundet, war ein bedeutender Bakteriologe, Entdecker der Opsonine, schuf die Grundlagen für die Vakzine-Therapie und arbeitete über Blutgerinnung, Typhusimpfung und Wundinfektion. Als genialer und einfallsreicher Kopf hat er Shaws Behauptung, die Medizin sei nicht so sehr eine exakte Wissenschaft wie eine Heil*kunst*, nie als Kritik aufgefaßt – ganz im Gegenteil;

wie überhaupt große und berühmte Mediziner die satirischen Bemerkungen Shaws über ihren Berufsstand nicht nur nicht übelnahmen, sondern darin eine Veranschaulichung ihrer eigenen Konflikte sahen. Viel rücksichtsloser in allem verfährt Shaw mit seinen eigenen Kollegen, den Künstlern und Journalisten, denen er in mutwilliger Ironie die gezieltesten Stiche versetzt, ohne sich selbst dabei zu schonen; Louis Dubedat, der nach bürgerlichem Verständnis gewissenlose Geldverschwender und Betrüger, beruft sich ja tatsächlich darauf, ein Schüler des berüchtigten Shaw zu sein.

Als Vorbilder für Dubedat werden in der Literatur drei historische Persönlichkeiten genannt, erstens der früh verstorbene Zeichner Aubrey Beardsley (1872–1898), der durch Illustrationen zu Oscar Wilde und Alexander Pope berühmt wurde, sodann Edward Aveling, der Geliebte von Eleanor Marx (jüngster Tochter von Karl Marx), die Shaw als Zwanzigjähriger im Lesesaal des Britischen Museums kennengelernt hatte und sehr verehrte; Aveling war laut Shaw »als kämpferischer Atheist, Shelleyaner, Darwinianer und Marxist von unbestechlicher Integrität«, persönlich aber ein »Schnorrer, Schwindler und Frauenverführer«, der Eleanor Marx am Ende in den Selbstmord trieb (Zitat nach Hesketh Pearson). Drittens und vor allem aber ist die Gestalt des skrupellos genialen Dubedat, speziell die Sterbeszene mit dem Credo: »Ich glaube an Michelangelo, Velásquez und Rembrandt«, das malerische Pendant zu einer Szene aus der Erzählung *Das Ende eines Musikers in Paris* von Richard Wagner. Der 1841 entstandene Text war unter dem Titel *An End in Paris* von Ashton Ellis ins Englische übersetzt worden und dem Wagner-Freund Shaw natürlich bekannt. In einem Brief vom 22. November 1906 an den Herausgeber der Zeitschrift *The Standard*, London, gibt Shaw diese Quelle selbst an: »Das Glaubensbekenntnis des sterbenden Künstlers, das allenthalben mißbilligt wird als eine Ausfälligkeit, wie sie nur dem schlechten Geschmack eines Bernard Shaw unterlaufen konnte, habe ich unverhohlen und mit Dankbarkeit und Bewunderung einem der bekanntesten Prosawerke entliehen, die der berühmteste Mann des neunzehnten Jahrhunderts geschrieben hat.« In Richard Wagners Erzählung beginnt der sterbende Musiker, der deutlich Züge des Autors selbst trägt, sein Credo zwar scheinbar etwas respektvoller mit den Worten: »Ich glaube an Gott, Mozart und Beethoven«, doch wird die Gleichsetzung von Kunst und Religion hier wie da offensichtlich. Auch Dubedat hat allein in der Kunst seine raison d'être, und allein durch die höchste künstlerische Vollendung seines Werks kann er, wenn überhaupt, die moralischen Defizite, die ihm gesellschaftlich und allgemein ethisch angelastet werden, wiedergutmachen. Shaw warnt denn auch sein Publikum immer wieder vor dem Trugschluß, daß ein begnadeter Künstler wie selbstverständlich schon ein vollkommener Mensch sein müsse. Noch 1948 schreibt er in der Vorrede zu einem seiner letzten Bühnenwerke, den *Farfetched Fables:* »Ich muß Sie davor warnen, in Ihrem sozialen Denken nicht, wie so viele, einen mörderischen Irrtum zu begehen, nämlich anzunehmen, daß Menschen von seltener geistiger Begabung oder anderen besonderen Talenten in irgendeiner Hinsicht höhere oder bessere Wesen seien. Wenn die Lebenskraft einem Menschen irgendeine besondere Fähigkeit verleiht, die gerade benötigt wird, so schert sie sich überhaupt nicht um seine Moral; ja, sie mag ihn sogar, wenn irgendeine Leistung erforderlich wird, die ein Mensch nur dann vollbringen kann, wenn er einen halben Liter Schnaps getrunken hat, zu einem Säufer machen... Genies sind oft Verschwender, Säufer, Wüstlinge, Lügner, in Geldsachen Gauner, Rückfällige aller Arten, während viele einfältige und gläubige Seelen Muster des Anstands und frommer Ehrbarkeit und bei allen Heiligen gut angeschrieben sind.« [Übers. Franz Wurm]

Und bereits 1907 betont er, in einer vielbeachteten Polemik unter dem Titel »Wie Shaw den Nordau demolierte«, gerichtet gegen den Kultur- und Zeitkritiker Max Nordau (1849–1923) und dessen zweibändige Kunstabhandlung *Entartung:* »Die Behauptung, daß der große Dichter und Künstler kein Unrecht tun könne, ist ebenso verderblich falsch wie die Behauptung, daß der König kein Unrecht tun könne oder daß der Papst unfehlbar sei oder daß nicht das Beste für sie die Macht getan habe, die alle drei erschuf. – In meinem letzten Drama *Des Doktors Dilemma* habe ich das hervorgehoben, indem ich einen Künstler zeigte, Genie und Schurke, mit dem beunruhigenden Erfolg, daß mehrere kluge und empfindungsfähige Menschen ihn leidenschaftlich verteidigten, anscheinend aus dem Grunde, weil große künstlerische Begabung und eine feurige künstlerische Phantasie einen Menschen berechtigen, gewissenlos, unehrenhaft in Geldangelegenheiten und rücksichtslos selbstsüchtig in bezug auf Frauen zu sein, etwa genauso, wie bei einem afrikanischen Volksstamm die Königswürde einen Mann berechtigt, bei der geringsten Veranlassung wen er will zu töten. Ich kenne keine schwerer lösbare Frage als die, wieviel Egoismus man sich von einem begabten Menschen um seiner Gaben willen oder um abzuwarten, ob er am Ende recht behalten wird, gefallen lassen soll.« [Übers. Siegfried Trebitsch]

Persönlich hat Shaw, als gestrenger Verfechter klassischer Tugenden wie Aufrichtigkeit, Zuverlässigkeit, Pünktlichkeit, Ordnungsliebe etc., trotz allen Wissens um die genialische Unbekümmertheit vieler großer Künstler, sich solche Bequemlichkeit der Unkorrektheit in moralischen Dingen niemals gestattet. Nur in Fragen der (viktorianischen) Konvention ist er gerne gegen den Strom geschwommen, eine Unkorrektheit, die man ihm meist weniger verziehen hat, als wenn er sich nach Art des charmanten Heuchlers schadlos gehalten hätte. *Des Doktors Dilemma* führt uns jedoch nicht nur individuelle Möglichkeiten verantwortlichen Denkens und Handelns vor Augen, sondern stößt in nicht mehr klar zu trennende Bereiche von Gut und Böse vor, die auf vertrackte Weise ineinanderspielen. Es ist »in gewissem Sinn«, schreibt Alfred Polgar zu dem Stück, »der Menschheit Dilemma: ein Schwanken zwischen sinnvollem Tun, das böse, und gutem Tun, das sinnlos ist; zwischen Schönheitsgesetz, Tugendgebot und Glücksmoral; zwischen guten Menschen und guten Bildern, zwischen Ethik, Gefühl und Verstand, die niemals harmonisch zusammenstimmen wollen und sich gerade dann gegenseitig am hinterlistigsten betrügen, wenn sie den ehrlichsten Kompromiß miteinander schließen... Um moralische Dinge handelt es sich. Um relative Sittlichkeiten. Um den heiteren Kontrast zwischen mehrdeutiger Anständigkeit und grundehrlicher Lumperei. Um den zweifelhaften Glanz bewußtaltruistischer und den nicht minder zweifelhaften, aber verführerischen Glanz naiv-egoistischer Lebensgrundsätze. Die Altruisten in der Komödie, das sind die Ärzte: ihres Zeichens Helfer, Erretter, Schmerzenstiller. Der Egoist, das ist der Künstler. Er steht unterm Zwang seines Talents, und er dient ihm blind, sklavisch, mit einer niederträchtigen Ausschließlichkeit. Er schwindelt und betrügt für seinen Herrn... Dubedat hat keine Ahnung, daß er Gemeinheiten begeht. Er handelt mit der vollkommenen Naivität eines Naturmenschen. Ihm fehlt das Organ für gesellschaftsethische Dinge. Er spürt eine Aufgabe in sich und vollführt sie, eine Kraft und gebraucht sie, eine Liebe und folgt ihr. Zur ›Menschheit‹ hat er keine rechten Beziehungen. Er kennt keine anderen Rücksichten als die Rücksicht auf jene Dinge, die ihm wert scheinen. Alles übrige ist ihm Dünger für's eigene Feld. Zwischen ›Sein‹ und ›Haben‹ fehlt ihm jeder trait d'union. Seine Sittlichkeit, wenn er so etwas überhaupt besitzt, ist borniert, eng, durchaus nach innen gerichtet. Seine Moral ist eine Urwald-Moral: nehmen, was man braucht, und das übrige ruhig den andern lassen. Ein Mißbraucher von Macht könnte er nie werden. Wohl aber nützt er unbarmherzig das Recht der Ohnmacht, pariert Hiebe mit einer übertrieben gutwilligen Bereitschaft, sie zu empfangen, und spinnt aus seiner Liebenswürdigkeit und Zartheit, seiner Schwäche und Künstlerschaft ein Netz zarter, unsichtbarer Fäden, in dem die anrückenden Gegner hängenbleiben.« Der gefürchtete Theaterkritiker Alfred Kerr urteilte 1908 nach der ersten deutschen Aufführung: »Unter Shaws Werken steht *Des Doktors Dilemma* ganz obenan.«

Ursula Michels-Wenz

Zeittafel

Die Jahreszahlen bezeichnen, wo nicht anders vermerkt, immer die Entstehungszeit der jeweiligen Werke (nicht deren Publikation). Es sind nur die wichtigsten Titel aufgeführt. Die zahllosen politischen Schriften, Kritiken und allgemeinen Essays sowie die kleinen Stücke und die umfangreichen Briefwechsel mit namhaften Zeitgenossen können in diesem Rahmen aus Platzgründen nicht berücksichtigt werden.

1856 Am 26. Juli wird *George Bernard Shaw*, kurz G. B. S. genannt, als drittes Kind und einziger Sohn von George Carr Shaw und Lucinda Elizabeth Shaw geb. Gurly in Dublin geboren. (Der Autor verzichtet später auf den ersten Vornamen, wahrscheinlich aus Protest gegen den Vater.)

1871–1876 Fünfzehnjährig muß Shaw die Schule verlassen, um Geld zu verdienen, da die Familie verarmt und sich allmählich entfremdet. Arbeit im Büro eines Grundstücksmaklers, autodidaktische Weiterbildung. Die Mutter siedelt mit den beiden Töchtern um nach London.

1876 Shaw folgt seiner Mutter nach London, verdient seinen Lebensunterhalt mit Gelegenheitsarbeiten, u. a. als Klavierspieler und Journalist.

1879 Shaw erhält eine feste Anstellung bei der Edison Telephone Company; Besuch politischer Versammlungen, Eintritt in die »Zetetical Society« (eine freie Vereinigung mit Diskussionsabenden zu gesellschaftlichen, politischen und philosophischen Fragen), in der er sich als Vortragsredner übt. Der erste Roman *Immaturity* (deutsch: *Unreif*; früher u. d. T. *Junger Wein gärt*) entsteht. Mehrere Verlage lehnen eine Veröffentlichung ab. (1930 wird das Buch erstmals publiziert.)

1880–1883 Shaw schreibt vier weitere Romane in seiner Freizeit: *The Irrational Knot* (deutsch: *Die törichte Heirat*), *Love among the Artists* (deutsch: *Künstlerliebe*), *Cashel Byron's Profession* (deutsch: *Cashel Byrons Beruf*) und *An Unsocial Socialist* (deutsch: *Der Amateursozialist*), die aber erst ab 1894 in den Zeitschriften *To-Day* und *Our corner* zum Abdruck gelangen.

1884 Shaw tritt der neu gegründeten sozialistischen »Fabian Society« (Gesellschaft der Fabier) bei, der er 27 Jahre lang als provokatorischer Wortführer angehören wird; Beginn der Freundschaft mit Beatrice und Sidney Webb, William Archer (der Shaw entscheidend fördert), Florence Farr, Annie Besant u. a. m.

1885 Tod des Vaters.

Bis 1894 zahlreiche Buchrezensionen, Kunst- und Musikkritiken; Mitarbeit an der namhaften *Pall Mall Gazette*; Arbeit an *Widower's Houses* (deutsch: *Die Häuser des Herrn Sartorius*), Shaws erstem Stück, das 1892 uraufgeführt wird. Unter dem Pseudonym Corno di Bassetto schreibt Shaw vielbeachtete Musikkritiken für *The Star* und *The World* und engagiert sich mit Vorlesungen und Vorträgen zu sozialen und volkswirtschaftlichen Themen.

1891 Ibsen-Brevier *The Quintessence of Ibsenism*.

1893 *The Philanderer* (deutsch: *Der Liebhaber*).

1894 *Mrs. Warrens Profession* (deutsch: *Frau Warrens Beruf*), *Arms and the Man* (deutsch: *Helden*) und *Candida*.

1895–1898 Arbeit als Theaterkritiker für *The Saturday Review* unter Frank Harris.

1895 *The Man of Destiny* (deutsch: *Der Mann des Schicksals*; früher u. d. T. *Der Schlachtenlenker*).

1895–1896 (mit Unterbrechung) *You Never Can Tell* (deutsch: *Man kann nie wissen*), das ab 1899 ein Publikumserfolg wird.

1896 Arbeit an *The Devil's Disciple* (deutsch: *Der Teufelsschüler*; früher u. d. T. *Ein Teufelskerl*). Das Stück wird

1897 in New York uraufgeführt und verschafft seinem Autor den ersten großen Durchbruch als Dramatiker mit internationaler Resonanz.

1897–1903 Stadtrat von St. Pancras/London.

1898 Heirat mit Charlotte Frances Payne-Townshend, die ebenfalls aus Irland stammt. Entstehung von *Caesar und Cleopatra* (deutsch: *Cäsar und Cleopatra*), *Captain Brassbound's Conversion* (deutsch: *Kapitän Brassbounds Bekehrung*) und des Wagner-Breviers *The Perfect Wagnerite*/Kommentar zum »Ring der Nibelungen«.

1901 Frankreich-Reise; Sommer in Dorset.

1901–1903 *Man and Superman* (deutsch: *Mensch und Übermensch*).

1902 Aufenthalt an der Küste von Norfolk.
Bekanntschaft mit seinem deutschsprachigen Übersetzer Siegfried Trebitsch, der Shaw binnen eines Jahres den Weg auf die Bühnen Deutschlands und Österreichs ebnen wird.

1903 Frühjahr: Italienreise; Sommer: Schottlandreise.

1904 *John Bull's Other Island* (deutsch: *John Bulls andere Insel*), *How He Lied To Her Husband* (deutsch: *Wie er ihren Mann belog*). Frühjahr: Italienreise; Sommer: Schottlandreise.

1905 Umzug nach Ayot St. Lawrence/Hertfordshire. In London behalten die Shaws eine Zweitwohnung, in der sie wöchentlich einige Tage verbringen. *Major Barbara.*

1906 *The Doctor's Dilemma* (deutsch: *Des Doktors Dilemma*; früher u. d. T. *Der Arzt am Scheideweg*).

1907–1908 *Getting married* (deutsch: *Heiraten*; auch u. d. T. *[W]Ehe*).

1909 *The Shewing-Up of Blanco Posnet* (deutsch: *Blanco Posnets Erweckung*).
     Misalliance (deutsch: *Mesallianz*; neuer Titel *Falsch verbunden*).

1910 *Fanny's First Play* (deutsch: *Fannys erstes Stück*).

1912 *Androcles and the Lion* (deutsch: *Androklus und der Löwe*), *Pygmalion*; beide Stücke werden uraufgeführt in der deutschen Übersetzung, Berlin bzw. Wien 1913.
     Overruled (deutsch: *Es hat nicht sollen sein*).

1913 Tod der Mutter.
     Freundschaft mit der Schauspielerin Stella Patrick Campbell.
     Reisen nach Irland, Deutschland und Frankreich.
     Great Catherine (deutsch: *Die große Katharina*).

1914 Shaw gilt in England als persona non grata, da er sich deutschfreundlich äußert; schreibt *Commonsense about the War* (deutsch: *Der gesunde Menschenverstand im Krieg*, 1919), eine umfangreiche Abhandlung, die ihn noch unbeliebter macht.

1916–1917 *Heartbreak House* (deutsch: *Haus Herzenstod*).

1918–1920 *Back to Methuselah* (deutsch: *Zurück zu Methusalem*): Fünf Stücke, zu spielen an fünf aufeinanderfolgenden Abenden.

1923 *Saint Joan* (deutsch: *Die heilige Johanna*).

1925 Nobelpreis für Literatur.

1926 Shaw erhält den Nobelpreis rückwirkend für 1925 verliehen; hatte zunächst die Annahme verweigert, willigt dann ein unter der Bedingung, daß er der offiziellen Feier nicht beiwohnen muß und das Geld zur Förderung des schwedischen und englischen Literatur- und Kunstaustausches verwendet wird.

1928 *The Intelligent Woman's Guide to Socialism and Capitalism* (deutsch: *Wegweiser für die intelligente Frau zum Sozialismus und Kapitalismus*).
     The Apple Cart (deutsch: *Der Kaiser von Amerika*); das Stück wird

1929 in Warschau (14. Juli) uraufgeführt.

1931 *Too True to be Good* (deutsch: *Zu wahr, um schön zu sein*). Rußlandreise.

1932 Reise nach Südafrika.
The Adventures of the Black Girl in Her Search For God (deutsch: *Die Abenteuer des schwarzen Mädchens auf der Suche nach Gott*; früher u. d. T. *Ein Negermädchen sucht Gott*).

1933 USA-Reise.
Village Wooing (deutsch: *Ländliche Werbung*).
On The Rocks (deutsch: *Festgefahren*).

1934 Weltreise.
The Simpleton of the Unexpected Isles (deutsch: *Die Insel der Überraschungen*).
The Millionairess (deutsch: *Die Millionärin*).

1936 *Geneva* (deutsch: *Genf*); Revision des Stückes 1939.

1936–1937 *Buoyant Billions* (deutsch: *Zuviel Geld*); das Stück bleibt vorerst Fragment.

1938 Shaw erkrankt an perniziöser Anämie.

1938–1939 *In Good King Charles's Golden Days* (deutsch: *Die goldenen Tage des guten Königs Karl*; früher u. d. T. *Der gute König Karl*).
Aufzeichnung autobiographischer Miszellen u. d. T. *Shaw Gives Himself Away*.

1943 *Everybody's Political What's What* (deutsch: *Politik für Jedermann*).
Tod Charlotte Shaws (12. September).

1947 *Buoyant Billions* (deutsch: *Zuviel Geld*) beendet; das Stück wird
1948 in Zürich uraufgeführt.
Farfetched Fables (deutsch: *Phantastische Fabeln*).

1949 *Sixteen Self-Sketches* (deutsch: *Sechzehn selbstbiographische Skizzen*); Revision der Texte von 1939 u. d. T. *Shaw Gives Himself Away*.

1950 Arbeit an *Why She Would Not*, einer Kurzkomödie, die unvollendet bleibt.
2. November: Bernard Shaw stirbt in seinem Haus in Ayot St. Lawrence an den Folgen eines Sturzes, den er sich Anfang Herbst bei Gartenarbeiten zugezogen hatte.